JN092659

音声 ダウンロード))

赤シート □

英検® は、公益財団法人
日本英語検定協会の登録商標です。

英検®

準

1

級

厳選
過去問 **10日間完成**

毎日ミニ模試

トフルゼミナール講師 **山田広之** [監修]

テイエス企画

過去問を使った実戦的な演習をしたいけれど、同時に解き方のコツも整理しておきたい。本書は、そのような学習者に最適な1冊です。

試験対策として、ある程度の量の過去問にあたることは大切ですが、やみくもに問題を解き、答え合わせをすることの繰り返しだけでは合格への力はなかなかつきません。

本書では、まずは第1章の「早わかりガイド」で英検の概要を押さえ、次に過去問のエッセンスを抽出した例題で、全問題形式の解き方のコツを習得します。その上で、第2章の「ミニ模試」で、第1章で学んだ解き方に習熟していきます。「ミニ模試」は、1日の学習として適度な分量に各問題形式をバランス良く配分してありますので、1回分をこなすごとに一歩ずつ確実に合格に近づくことができます。

さらに、巻末には各DAYの読解問題で登場した頻出の英単語をまとめてありますので、問題をやりっぱなしにしないための効果的な復習ツールとして、また使い勝手の良い頻出英単語リストとして、試験本番まで繰り返し活用してください。

全10回の「ミニ模試」のうち、6回を筆記試験とリスニングテストに、3回を英作文に、1回を二次試験の対策に充てていますので、試験日までの期間に合わせ、優先的に取り組む回を選択していただくと良いでしょう。得意な分野をさらに得点源にするのも良いでしょうし、弱点を集中的に強化するのも良いと思います。

本書が、皆さんの目標達成の一助となることを願っています。

2020年3月　監修者　山田広之

本書の構成と取り組み方

本書は、毎日短時間・短期間の学習で英検準 1 級に合格する力をつけるために、以下の 5 つのセクションから構成されています。各セクションの取り組み方を良く理解した上で学習を進めてください。

- 1 英検準 1 級 早わかりガイド
- 2 ミニ模試 (筆記試験・リスニングテスト)
- 3 ミニ模試 (英作文)
- 4 ミニ模試 (二次試験)
- 5 でる単語リスト 600

1 英検準 1 級 早わかりガイド

英検とはどんな試験なのか? 試験の全体像をとらえ、例題への取り組みを通して各設問形式について解き方のコツをつかみます。

■ 試験の概要

まずは、科目構成や問題数、解答時間、スコアと合否の判定方法について把握しておきましょう。

■ 例題と解き方のコツ

筆記試験、リスニングテスト、英作文、二次試験について、過去問から典型的な問題を取り上げています。解き方のコツを習得してください。

2 ミニ模試（筆記試験・リスニングテスト） DAY 1, DAY 2, DAY 4, DAY 5, DAY 7, DAY 8

「早わかりガイド」の例題でマスターした解き方に沿って、過去問演習で合格への実力を養成します。短時間でこなせるミニ模試方式ですので、試験日までの期間に合わせ、優先的に取り組む回を選択して自分に合った学習メニューを作ると良いでしょう。

■ 筆記試験・問題

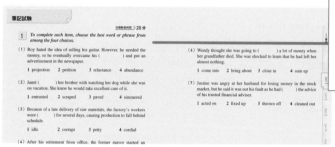

筆記試験の演習です。「目標解答時間」を設定してありますので、時間を計って取り組みましょう。

■ リスニングテスト・問題

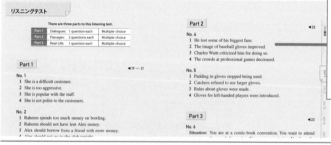

リスニングテストの演習です。解き終わって解説を確認したのち、スクリプトを参照して繰り返し音声を聞き込んでください。

■ 解答・解説

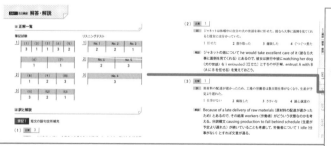

まずは「正解一覧」で答え合わせをします。合格に必要とされる正解率7割をめざしましょう。次に解説を確認し、「早わかりガイド」で学んだ解き方のコツを反復して自分のものとしてください。

006

3 ミニ模試（英作文） DAY 3, DAY 6, DAY 9

　英作文の勉強は一人ではやりにくいと言われますが、まずは一人でやれることをしっかりやりきることが大切です。「書く」という観点から文法を学び直し、使える表現を増やし、答案の「型」を身につけましょう。そのためのトレーニングとなっています。

■ 英作文・問題

自分なりの解答を作ってみましょう。信頼できる英語の先生に添削指導が受けられる場合は、お願いすると良いでしょう。答案作成方法がわからない場合は後回しにし、次のトレーニングに進んでも結構です。

■ 解答例・英作文上達トレーニング ［トレーニング 1］

英作文問題は、
・メモの作成
↓
・アウトライン化
↓
・解答の作成
の流れで進めます。この3つの関係を注意深く確認しながら、模範解答を繰り返し読み込むことが独習で上達するヒケツです。

■ 解答例・英作文上達トレーニング ［トレーニング 2］

模範解答を読み込んだら、日本語から英語への変換が素早くできるようになるまで練習します。常に全体の構成を意識しながら取り組んでください。

4 ミニ模試（二次試験） DAY 10

　一人での面接練習をどうすれば良いかですが、基本は英作文と同じです。本番でメモを作ったり、それをアウトライン化したりすることはできませんが、準備段階ではそのようなトレーニングを積み重ね、「話す」という観点から文法を学び直し、使える表現を増やし、解答の「型」を身につけましょう。

■ 二次試験・問題

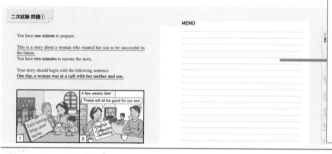

> 自分なりの解答を作ってみましょう。信頼できる英語の先生に面接指導が受けられる場合は、お願いすると良いでしょう。解答はスマートフォンのボイスメモ機能などを使って録音しておきましょう。

■ 解答例・英語面接上達トレーニング［トレーニング1］

> 面接の解答も英作文問題同様に、
> ・メモの作成
> ↓
> ・アウトライン化
> ↓
> ・解答の作成
> の流れで練習します。この3つの関係を注意深く確認しながら、模範解答を繰り返し読み、聞くことが独習で上達するヒケツです。

■ 解答例・英語面接上達トレーニング［トレーニング2］

> 模範解答を読み、聞き込んだら、日本語から英語への変換が瞬時にできるようになるまで練習します。常に全体の構成を意識しながら取り組んでください。

5 でる単語リスト600

「英語は最後は単語力がものをいう」と言われます。単語集を使って一気に多くの単語を覚えることも有益ですが、日頃の学習の中で出会った単語を確実に覚えていくことが最も大切です。このコーナーでは、ミニ模試の読解問題に登場した頻出単語約600語を、各DAYの各問題、各パラグラフごとにまとめてありますので、総仕上げとして取り組んでください。

■ 英検準1級 でる単語リスト600

赤シートを使って意味が言えるようにするのが第一段階です。概ねできるようになったら、該当するDAYの問題文に戻り、英文を何度も読みこむことによって英語力を伸ばすことができます。「問題集は解きっぱなしにしない」ことが英語上達と合格への王道です。

〈出典〉本書は以下の英検準1級過去問題を使用して制作されています。
　　　　2018年第1回、第2回、第3回、2019年第1回

英検®は、公益財団法人 日本英語検定協会の登録商標です。
このコンテンツは、公益財団法人 日本英語検定協会の承認や推奨、その他の検討を受けたものではありません。

音声ダウンロードについて

　本書に掲載されている英文の音声が無料でダウンロードできますので、下記の手順にてご活用ください。

■ パソコンにダウンロードする

① パソコンからインターネットでダウンロード用サイトにアクセスする

　下記の URL を入力してサイトにアクセスしてください。

https://tofl.jp/books/2557

② 音声ファイルをダウンロードする

　サイトの説明に沿って音声ファイル（MP3 形式）をダウンロードしてください。

　　　※ スマートフォンにダウンロードして再生することはできませんのでご注意ください。

■ 音声を再生する

① 音声ファイルをパソコンの再生用ソフトに取り込む

　ダウンロードした音声を iTunes などの再生用ソフトに取り込んでください。

② 音声を再生する

　パソコン上で音声を再生する場合は、iTunes などの再生ソフトをお使いください。iPhone などのスマートフォンや携帯用の音楽プレーヤーで再生する場合は、各機器をパソコンに接続し、音声ファイルを転送してください。

　　　※ 各機器の使用方法につきましては、各メーカーの説明書をご参照ください。

英検準1級
早わかりガイド

早わかり 英検って、どんな試験？

英検（「実用英語技能検定」）は、1963 年に「実用英語の普及・向上」を目的として（財）日本英語検定協会が設立されて以来実施されている、文部科学省後援の英語検定試験です。「読む」「書く」「聞く」「話す」の 4 技能を総合的に測ることのできる、質の高い語学力証明の資格として、英検は、国内外の教育機関や企業団体など社会で幅広く認められています。

準 1 級の英語力の目安は、大学中級程度です。「社会生活で求められる英語を十分理解し、また使用することができる」（審査基準より）レベルが求められます。

■ 筆記試験

	形式	問題数	解答時間
大問 1	短文の語句空所補充	25	
大問 2	長文の語句空所補充	6	90 分
大問 3	長文の内容一致選択	10	
大問 4	英作文	1	

■ リスニングテスト

	形式	問題数	解答時間
Part 1	会話の内容一致選択	12	
Part 2	文の内容一致選択	12	約 30 分
Part 3	Real-Life 形式の内容一致選択	5	

■ 二次試験

形式	問題数	解答時間
自由会話（面接委員との簡単な日常会話）	ー	
ナレーション（4 コマのイラストの説明）	1	約 8 分
Q & A（カードのトピックに関連した質疑応答）	4	

英検 CSE スコアに基づく合否判定方法について

2016 年度から英検の各級の合否判定が国際標準規格 CEFR に対応した英検 CSE スコアによって行われるようになり、どの回にどの級を受験しても受験者の英語力を総合的に評価して数値化することが可能になりました。

スコアの特徴1 技能ごとにスコアが均等に配分される

準 1 級では Reading（読む）、Writing（書く）、Listening（聞く）、Speaking（話す）の 4 つの技能別に次のようにスコアが割り振られます。

試験形式	技能	満点スコア	合格基準スコア
筆記試験 1 ～ 3	Reading	750	
筆記試験 4	Writing	750	1792
リスニングテスト	Listening	750	
二次試験	Speaking	750	512

一次試験は Reading、Writing、Listening の 3 技能のスコアの合計で合否判定されるのに対して、二次試験は Speaking のみで合否判定されます。

スコアの特徴2 同じ正答数であっても回次によってスコアが異なる

答案が採点されると、技能ごとに統計的な手法を用いてスコアが算出されます。同じ級のテストについて正答数とスコアの対応関係が定まっている訳ではないので、正答数が同じでも受験する回によって異なるスコアになることがあります。

スコアの特徴3 合格するためには、技能のバランスが重要

2015 年度までは一次試験で Writing の配点が低かったため、Reading や Listening で高得点を取れれば Writing が 0 点であっても合格することが可能でした。しかし、4 つの技能に均等にスコアが配分されるようになった今では、得意な技能だけでスコアを稼ぐという考え方は通用しません。準 1 級に合格するには、各技能で 7 割程度の正答率が必要です。

英検 CSE スコアと CEFR について

英検 CSE スコアは、CEFR に合わせて 4 技能の上限をそれぞれ 1000 点に設定し、合計で 0 点から 4000 点のスコアに尺度化したものです。CEFR とは Common European Framework of Reference for Languages の略で、語学のコミュニケーション能力別のレベルを示す国際標準規格です。A1 から C2 まで 6 つのレベルが設定されていて、英検と CEFR の対応関係は以下の通りです。

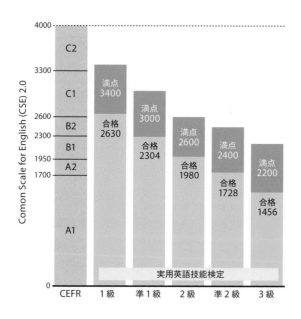

CEFR との対応関係により、英検の全級を通して受験者の英語力を 1 つの尺度で示すことができるようになっただけでなく、TOEFL (Test of English as a Foreign Language) をはじめ、IELTS (International English Language Testing System) や TEAP (Test of English for Academic Purposes) などの異なる英語試験ともスコアの比較が可能になりました。

試験日程 各年度で 3 回実施され、それぞれ一次試験に合格した場合のみ二次試験が受けられます。

	一次試験	二次試験
第 1 回	6 月	7 月
第 2 回	10 月	11 月
第 3 回	1 月	2 月

※ 年度や受験会場などによって日程が変わりますので、詳細は公式サイトでご確認ください。

申し込み 個人での申し込みの場合、インターネット、コンビニエンスストア、特約書店からの申し込みが可能です（準 1 級の検定料は、8,400 円。2020 年度より適用）。詳細は、日本英語検定協会のホームページに記載されています。

公式サイト 日本英語検定協会 **http://www.eiken.or.jp/**

問い合わせ先 英検サービスセンター **TEL：03-3266-8311**

平日　9:30 ～ 17:00

試験前日　9:00 ～ 17:30

試験当日　8:00 ～ 17:30

筆記試験 ❶
短文の語句空所補充

　短い英文や対話文を読んで、空所に入る適切な語句を選ぶ問題です。単語を補う問題が 21 問で、最後に熟語を選ぶ問題が 4 問出題されます。準 1 級では文法に関する問題は登場しません。

Ⓐ 単語を選ぶ問題

例題 | **2018 年度第 2 回**

The official was jailed for (　　　　). He had accepted money from manufacturing companies in exchange for covering up their illegal dumping of chemical waste.

> **1** misery　　　**2** bribery　　　**3** artistry　　　**4** irony

POINT 何を探せばいいのかまず確認しよう！

　まず第 1 文をしっかり読みましょう。The official was jailed (その役人は収監された) に続き、理由を表す for (〜のために) が続くので役人が収監された理由を探せば良いと分かります。次の文を読むと、covering up their illegal dumping (違法投棄を見逃す) の見返りに He had accepted money (彼はお金を受け取っていた) とあるので、2 bribery (賄賂、収賄) が正解。主語の The official (役人) とも意味的に相性の良い語です。

正解 **2** | 訳 その役人は賄賂のために収監された。彼は化学廃棄物の違法投棄を見逃す見返りとして製造会社からお金を受け取っていた。

> **1** 不幸　　**2** 賄賂　　**3** 芸術的才能　　**4** 皮肉

B 熟語を選ぶ問題

例題 | **2019 年度第 1 回**

The management tried to end the strike by offering a small pay increase, but the union decided to (　　　　) until workers were also offered more vacation days.

  1 hold out **2** wash away **3** pass out **4** blast off

POINT 逆接の接続表現に注目しよう！

　but や however などの逆接の接続詞や接続語句は正解に至る大きな鍵となります。その前後に正反対の内容が書かれているはずだからです。この文の前半には The management tried to end the strike（経営陣はストライキを終わらそうとした）とあるので、but（しかし）の後には end（〜を終わらせる）の反対の「終わらない、続く」などの意味の表現が入れば良いと考えられます。1 hold out（持ちこたえる、粘る）が正解です。

正解 1 | **訳** 経営陣はわずかな賃上げを提示してストライキを終わらそうとしたが、労働組合は、さらに休暇の増加が提示されるまで交渉を続けることにした。

   1　交渉を続ける   2　〜を取り除く
   3　意識を失う   4　〜を吹き飛ばす

筆記試験 2
長文の語句空所補充

問題数 ▶ 長文 **2** 題 計 **6** 問

解答時間 ▶ **16** 分 (1 問 2 〜 3 分)

250 語程度の英文を読んで、空所に入れるのに適切な語句を選ぶ問題です。本文が 3 パラグラフで構成され、それぞれのパラグラフに空所が 1 つずつあるのが標準的な形です。空所に入るのは動詞を含むフレーズや名詞句や短い節などで、長い文全体が選択肢になることはありません。

例題 | 2018 年度第 2 回 (第 1 パラグラフ)

Airplanes and Germs

The threat of germ exposure is a common concern among airline passengers. Recent research by microbiologist Kiril Vaglenov of Auburn University suggests that (1). In the study, two disease-causing bacteria — a type of E. Coli and a type of Staphylococcus aureus known as MRSA — were put onto various surfaces found in airplanes, including an armrest and a seatback pocket. Vaglenov then measured how long the bacteria would survive under environmental conditions typically found on airplanes. Both survived for extended periods: MRSA for up to one week, and E. Coli for up to four days. The results suggest that, given the growth of air travel, infectious diseases could spread more widely. Consequently, Vaglenov argues, airlines should look for more effective cleaning strategies and materials.

(1) **1** germs die quickly on most surfaces
2 passengers are right to be worried
3 airplane environments weaken certain germs
4 passengers are largely to blame

POINT　情報構造に注目しよう！

　一般的に英文では大雑把なことからだんだんと詳しく、そして抽象的なことから具体的な内容へという順番で情報が提示されます。こうした情報構造を意識して、直前・直後の内容と緊密な関係がある選択肢を選びましょう。この例題では、パラグラフ第 1 文で飛行機の中の細菌に対する懸念が表明され、第 2 文で Recent research ... suggests that（最近の研究が示すところでは）に続いて空所が登場します。空所以降の説明を読み進めると、実際に飛行機の中に two disease-causing bacteria（病原体となる 2 つのバクテリア）を付着させたところ、第 5 文で Both survived for extended periods（両方とも長い期間生きた）と書かれています。この研究結果の内容をより一般化して表現している選択肢として 2 passengers are right to be worried（乗客が心配するのももっともなことだ）が正解になります。

（1）　正解　2

選択肢の訳　1　最近はたいていの物の表面ですぐに死ぬ
　　　　　　2　乗客が心配するのももっともなことだ
　　　　　　3　飛行機の環境はある種の細菌を弱める
　　　　　　4　責任の大半は乗客にある

本文訳　　　　　　　　　　飛行機と細菌

　細菌にさらされる脅威は飛行機の乗客の誰もが抱く心配事だ。オーバーン大学の微生物学者であるキリル・ヴァグレノフ氏による最近の研究が示すところでは、乗客が心配するのももっともなことだ。その研究では、病原体となる 2 つのバクテリア——大腸菌の一種と MRSA として知られている黄色ブドウ球菌の一種——を飛行機に見られる肘かけや座席の背面ポケットなどの様々な表面に付着させた。ヴァグレノフは次に飛行機によく見受けられる環境条件の下でそうしたバクテリアがどれほど長く生存するのか計測した。両方とも長い期間生存し、MRSA は最大 1 週間、大腸菌は 4 日間であった。これらの結果が示すことは、飛行機旅行の増加を考慮すると、感染病はより広がりを見せる可能性があるということだ。ヴァグレノフは、その結果、航空会社はより効果的な清掃方法と材料を探すべきだと主張している。

筆記試験 ❸
長文の内容一致選択

> 問題数 ▶ 長文 **3** 題 計 **10** 問
>
> 解答時間 ▶ **35** 分（1 問 3 〜 4 分）

　英文を読んで、その内容についての質問に答える問題です。300 語、400 語、500 語程度の長さの 3 つの長文が登場します。最初の 2 つは 3 パラグラフからなるのに対して最後の長文は 4 パラグラフからなり、各パラグラフに関する問題が 1 問ずつ出題されます。本文の内容に即して正しい文を完成させる問題と、質問に対する正しい内容の選択肢を選ぶ問題の 2 種類があります。

例題 | **2018 年度第 2 回（第 1 パラグラフ）**

Medical Voluntourism

　"Medical voluntourism" allows medical professionals to combine vacations with volunteer work — for example, performing surgeries and administering vaccines in developing countries. In recent years, thanks to specialist travel agencies, growing numbers of premedical students and nonprofessionals are also showing up to provide medical care in underserved communities. Though these trips often cost as much as stays at luxury resorts, they offer opportunities to visit exotic locations and, for some, to gain praise on social media websites for providing aid to people who live in poverty.

（1）According to the author of the passage, the participants in "medical voluntourism"

1 are attracted to it because such vacations are cheaper than staying at expensive resorts in developing nations.

2 are recruited through social media websites that specialize in matching qualified professionals with communities in need.

3 can be given the opportunity to observe local doctors performing medical procedures.

4 can be motivated by the online recognition they will gain for helping those who are less fortunate.

POINT 選択肢中の言い換え表現に注意しよう！

　本文中の正解の根拠となる箇所はパラグラフ最終文の後半の for some（人によっては）以下の to gain praise on social media websites for ...（…でソーシャルメディアのサイト上で賞賛される）です。しかし、正解の選択肢では the online recognition they will gain for ...（…をネット上で認めてもらえること）と表現されています。また、本文中の providing aid to people who live in poverty（貧困な暮らしをしている人たちを援助している）が、選択肢で helping those who are less fortunate（恵まれない人たちを助けている）と別の言葉で表現されています。このような言い換えはよく起こるので、語句の意味を表面的に捉えるのではなく、英文の内容をしっかり把握することが重要です。なお、選択肢中の recognition は「認められること」と受け身で解釈すべき名詞であることにも注意しましょう。

(1) 正解 **4**

　　訳　本文の筆者によると、「医療ボランツーリズム」の参加者は
1 そうした休暇はより安い価格で発展途上国の高価な行楽地に滞在できるので魅力を感じている。
2 資格のある医療従事者と必要のある共同体を引き合わせることを専門にしているソーシャルメディアのサイトを通して採用される。
3 地域の医者が医療行為を行うのを観察する機会を与えられる。
4 恵まれない人たちを助けていることをネット上で認めてもらえることが動機づけになることもある。

本文訳
医療ボランツーリズム

　「医療ボランツーリズム」では医療従事者が休暇をかねてボランティアをすることができる。例えば、発展途上国で手術や予防接種をすることである。近年では、特別な旅行代理店のおかげで、十分な医療サービスの恩恵にあずかっていない地域で医療を提供する医学部進学課程の学生や非医療従事者の数も増えている。こうした旅行はしばしば豪華な行楽地に泊まるのと同じくらい費用がかかるが、エキゾチックな場所を訪れたり、また、人によっては、貧困な暮らしをしている人たちを援助しているということでソーシャルメディアのサイト上で賞賛されたりする機会を与えてくれる。

筆記試験 ④
英作文

問題数 ▶ **1** 問

解答時間 ▶ **25** 分

　指定されたトピックについて自分の意見を英語で述べる問題です。時事的な問題がトピックとしてよく取り上げられます。筆記試験の一部として出題されるので解答時間は受験者自らが決めることになりますが、現実的には大問 1 ～ 3 を 65 分で解き終えてから残りの 25 分間で集中して取り組むのが理想的な時間配分でしょう。

例題 | **2019 年度第 1 回**

- Write an essay on the given TOPIC.
- Use TWO of the POINTS below to support your answer.
- Structure: introduction, main body, and conclusion
- Suggested length: 120-150 words

TOPIC
Do you think that Japanese consumers will buy more imported products in the future?

POINTS
- Globalization
- Government policies
- Price
- Quality

　1 つのトピックについて英語で文章を書くことは、①アイディアを書き出して構想を練る、②正しい英語のセンテンスを 1 つ 1 つ作る、という 2 つのプロセスに分けられます。この本の英作文の演習では、模範解答を利用しながらこれらのプロセスについて十分トレーニングを行い、英作文の力のアップをはかっていくことになります。まず

は、左の例題を使って具体的なトレーニングの手順を次のページから確認していきましょう。

MEMO

■ トレーニング 1

　英検協会が公開している以下の解答例と、この解答例の書き手が実際に書いたであろう右ページの「メモ」と「アウトライン」の3つを何度も読み比べましょう。「メモ」では4つのポイント全てについて思い付いたことやどのアイディアを解答に含めるかが簡単に書かれていて、「アウトライン」ではより具体的な内容が文章の展開を考えながら順番に並べられています。3つの対応関係が十分に理解できたら、2ページ前の問題の指示文だけを見て、これらの「メモ」と「アウトライン」を再現してみてください。これができれば、自力で文章を組み立てられる力が身についたことになります。

　Presently, Japanese consumers tend to prefer domestic brands over imported ones, but this is likely to change in the future because of factors such as globalization and price.

　First, the world economy is becoming more interconnected. In the past, there were mostly only Japanese products available on store shelves, but shoppers now have many more options. Although Japanese products are known for their high quality, foreign countries are now developing various technologies, which means imported goods are becoming as good as or better than Japanese products.

　Price will also cause consumers to buy more imported products. Lower wages in developing countries mean these countries can produce goods more cheaply. Furthermore, lower shipping costs mean imported goods will become more and more attractive.

　Throughout the world, globalization and price consciousness are affecting consumer decisions about what to buy, and this trend also seems likely to grow in Japan in the future.

（150 語）

メモ

1　グローバル化
　国際的な分業化→価格競争力；国境を越える企業の経済活動
2　政府の政策
　国家間の貿易交渉と価格の関係？（議論が複雑になる）
3　価格
　海外だと低コスト（人件費、輸送費）→海外企業製品が勝つのか？
4　品質
　日本製＝高品質というイメージ。
　ただしグローバル化、競争の激化による品質の向上。
　日本製品の品質優位がゆらぐといえるか？
　2は却下。3と4をBodyにして、3と1を関係づける。

アウトライン

Introduction
　now : Japanese consumers tend to prefer domestic brands
　future: this is likely to change
　（理由）globalization and price
Body
Reason 1
　about globalization ＝ world's got interconnected
　past: Japanese products were famous for the high quality
　now: globalization → the development of technology
　→ we can get many imported products with high quality
Reason 2
　low price → buy more imported products
　low labor cost + shipping cost
　→ imported goods will be more attractive
Conclusion
　paraphrase of Introduction

　前コーナーでは、模範的な英作文を書くにあたって、文章構成を考えながら具体的な内容をどのような順番で書くか考えるトレーニングをしました。後は正しい英語のセンテンスを作るだけです。ここでは左ページの日本語文を見た瞬間に右ページの解答例の英文が書けるようになるまで何度も練習しましょう。 POINT ）では文章を展開していく上でのヒントが挙げられていますので、参考にしてください。

第1パラグラフ

1　現在のところ、日本の消費者は輸入品よりも国内のブランドを好む傾向にある。しかし、この傾向はグローバル化や価格などの要因のために変化する可能性がある。

第2パラグラフ

1　第1に、世界経済は相互の連係を深めている。

2　過去には、店の棚で入手できるのは大抵の場合日本製品だけであった。しかし、現在買い手にはずっと多くの選択肢がある。

3　日本製品はその高品質で知られているが、外国も現在様々なテクノロジーを開発してきていて、輸入品の品質も日本製品と同じか、あるいはそれ以上に良くなっている。

1 Presently, Japanese consumers tend to prefer domestic brands over imported ones, but this is likely to change in the future because of factors such as globalization and price.

POINT
Introduction で結論を提示する。設問を丁寧に読み、適切な答えを簡潔に書く。理由の概略も簡潔に盛り込むと良い。書きすぎないことも重要。目次のようなイメージで簡潔に。

1 First, the world economy is becoming more interconnected.

POINT
ここから **Body**。1つの段落で論じる主題は1つにとどめる。今回は理由を2つ提示するので、2段落構成で書く。各段落の最初に、その段落で述べられる主題 **Topic** の「まとめ」を簡潔に書く。これを **Topic Sentence** という。

2 In the past, there were mostly only Japanese products available on store shelves, but shoppers now have many more options.

POINT
Topic Sentence の後に、それを補強するための説明文を書く。これを **Supporting Sentence** という。ここでは、過去と現在の対比を軸にして、グローバル化がもたらしたことを説明している。一般的に言って、「対比」は英文エッセイにおいて有効な技術である。

3 Although Japanese products are known for their high quality, foreign countries are now developing various technologies, which means imported goods are becoming as good as or better than Japanese products.

POINT
Supporting Sentence の続き。**Topic Sentence** と明確に区別しよう。TS は一般的に書く。SS は具体的に書く。具体例まで書かなくても「具体的に」書くことがとても重要。

1 価格もまた消費者がより多くの輸入品を買う原因となるだろう。

2 発展途上国の賃金はより低いので、こうした国々はより安く製品を生産できる。

3 さらには、輸送費用もより安いことも輸入品をますます魅力的なものにしている。

1 世界中で、グローバル化と価格意識が消費者が何を買うかの決定に影響を与えている。この傾向は将来日本でも大きくなる可能性があるようだ。

1 Price will also cause consumers to buy more imported products.

POINT

Reason 2 の Topic Sentence。価格が購入の原因となることについて言及している。英文の簡潔さ、簡単さに注目しよう。

2 Lower wages in developing countries mean these countries can produce goods more cheaply.

POINT

Reason 2 の Supporting Sentence。低価格化の要因を 2 つ提示して Topic Sentence を補強する。ここでは、要因 1 = lower wages を具体的に解説している。

3 Furthermore, lower shipping costs mean imported goods will become more and more attractive.

POINT

Supporting Sentence の続き。ここでは、低価格化の要因 2 = lower shipping costs を具体例に解説している。

1 Throughout the world, globalization and price consciousness are affecting consumer decisions about what to buy, and this trend also seems likely to grow in Japan in the future.

POINT

Conclusion。基本的には Introduction の内容を繰り返せば足りる。ただし、全く同じ表現は避け、類似の単語や文法事項などを用いて内容を言い換える。結果的に「序論 Introduction」「本論 Body」「結論 Conclusion」という基本構成が、内容的には「結論→本論→結論」に近い構造になる。

- 与えられたトピックでエッセイを書きなさい。
- 解答の根拠を示すために以下のポイントのうち2つを使いなさい。
- 構成：導入、本論、まとめ
- 目安となる長さ：120 ～ 150 語

トピック
日本の消費者は将来輸入品をもっと買うようになると思うか。

ポイント
- グローバル化
- 政府の政策
- 価格
- 品質

解答例訳

　現在のところ、日本の消費者は輸入品よりも国内のブランドを好む傾向にある。しかし、この傾向はグローバル化や価格などの要因のために変化する可能性がある。

　第1に、世界経済は相互の連係を深めている。過去には、店の棚で入手できるのは大抵の場合日本製品だけであった。しかし、現在買い手にはずっと多くの選択肢がある。日本製品はその高品質で知られているが、外国も現在様々なテクノロジーを開発してきていて、輸入品の品質も日本製品と同じか、あるいはそれ以上に良くなっている。

　価格もまた消費者がより多くの輸入品を買う原因となるだろう。発展途上国の賃金はより低いので、こうした国々はより安く製品を生産できる。さらには、輸送費用もより安いことも輸入品をますます魅力的なものにしている。

　世界中で、グローバル化と価格意識が消費者が何を買うかの決定に影響を与えている。この傾向は将来日本でも大きくなる可能性があるようだ。

早わかり　リスニングテスト Part 1
会話の内容一致選択

問題数 ▶ **12** 問

解答時間 ▶ **1** 問 **10** 秒

　会話を聞いてその内容についての質問に答える問題です。2人の人物による3-4往復程度の対話を聞きますが、家族や友人同士、あるいは店員と客などの間で交わされるやり取りが中心です。それぞれについて問題が1問ずつ出題されます。

例題｜**2018 年度第 2 回**　　　　　　　◀01

1　He may have inherited health problems.
2　He fails to follow his doctor's advice.
3　He often forgets appointments.
4　He is stressed from overwork.

■ スクリプト

M: Have you done your company medical checkup, Pam?
W: I went last week. You?
M: Not yet. I skipped it last year, so I suppose I should make an effort this time.
W: Didn't you say your family has a history of diabetes and high cholesterol?
M: Yeah, my granddad and my dad.
W: Well, you should really get checked out, then.
M: I've just been so busy.
W: Come on, that's no excuse.
Question: Why is the woman concerned about the man?

選択肢中の単語を記憶に残そう！

　時間の許す範囲で選択肢に目を通して使われている単語を記憶にとどめておくと、それが手がかりになります。特徴的な名詞か動詞に注目しましょう。この例題の場合、4つの選択肢の中の inherited（遺伝した）、advice（忠告）、appointment（面会の約束）、overwork（働きすぎ）などの語から、健康問題が話題であると推測できます。実際に放送を聞いてみると、冒頭で medical checkup（健康診断）という表現が出てきます。女性が2回目の発言で Didn't you say your family has a history of diabetes and high cholesterol?（あなたの家系は糖尿病と高コレステロールの遺伝があるって言ってなかったかしら?）と述べているので、1が正解です。

正解　1

選択肢の訳　1　彼は健康問題を遺伝的に受け継いだのかもしれない。
　　　　　　2　彼は医者の忠告に従わなかった。
　　　　　　3　彼はよく面会の約束を忘れる。
　　　　　　4　彼は働きすぎでストレスを抱えている。

スクリプトの訳
　　　男性： パム、会社の健康診断もう受けた?
　　　女性： 先週行ったけど、あなたは?
　　　男性： まだだね。去年受けなかったから、今回はなんとか受けないといけないんだろうね。
　　　女性： あなたの家系は糖尿病と高コレステロールの遺伝があるって言ってなかったかしら?
　　　男性： 僕のおじいさんも、お父さんもそうだよ。
　　　女性： それなら、なおのこと検査してもらわないといけないでしょ。
　　　男性： ちょっと忙しいんだよね。
　　　女性： まあ、そんなの言い訳にならないわ。
　　　質問： 女性はなぜ男性のことを心配しているのか。

早わかり　リスニングテスト **Part 2**
文の内容一致選択

問題数 ▶ **6** 題 **12** 問

解答時間 ▶ **1** 問 **10** 秒

説明文を聞いて、その内容についての質問に答える問題です。放送は1分30秒程度の長さで、話題は自然科学や科学技術から社会問題や環境問題など多岐に渡ります。6つの文が放送され、それぞれについて問題が2問ずつ出題されますが、例題では文の前半とそれに関する1つの問題を取り上げます。

例題 | 2018 年度第 2 回 ◀02

1 Internet security for it has been improved.
2 People do not need to use banks for funding.
3 Crowdfunding websites are cooperating with banks.
4 Investors have made big profits from it.

■ スクリプト（前半のみ抜粋）

Online Crowdfunding

These days, people often use online crowdfunding to raise money for certain projects, such as developing video games. With crowdfunding, these people can collect small amounts of money from many people, which means they do not need to rely on banks to fund their projects. Now, some people are also using online crowdfunding to attract investment to start a business or company.

Question: What is one thing we learn about online crowdfunding?

POINT 選択肢に登場する語の関係に注意して聞こう！

　4つの選択肢をざっと見渡すと、Internet security（インターネットセキュリティ）、bank（銀行）、funding（ファンディング）、cooperating with bandks（銀行と協力）、Investors（投資家）、profit（利益）などが目に飛び込んできます。放送を聞く際には、これらの語の関係性について述べている部分に特に注意して聞きましょう。トピックはネット上のクラウドファンディングで、その利用者について第2文の後半で they do not need to rely on banks to fund their projects（彼らのプロジェクトの資金を銀行に頼る必要がなくなる）と述べられ、次の文で実際にそのような利用者がいると述べられています。こうした内容を簡潔に表した 2 People do not need to use banks for funding.（ファンディングをするのに銀行を使う必要はない）が正解です。

正解 2

質問の訳 ネットを使ったクラウドファンディングについて分かることは何か。

選択肢の訳　1　そのためのインターネットセキュリティが改善された。
　　　　　　　2　ファンディングをするのに銀行を使う必要はない。
　　　　　　　3　クラウドファンディングのウェブサイトは銀行と協力している。
　　　　　　　4　投資家はそこから大きな利益を得ている。

スクリプトの訳　　　　　　　　　　ネット上のクラウドファンディング

　　最近、ゲームの開発など、なんらかのプロジェクトのためにお金を集めるためにネットを使ったクラウドファンディングを利用する人が多い。クラウドファンディングによって、こうした人たちは多くの人たちから少額のお金を集めることができ、彼らのプロジェクトの資金を銀行に頼る必要がなくなる。現在、ネット上のクラウドファンディングを使って、ビジネスや会社を始めるために投資を呼び込んでいる人たちもいる。

早わかり

リスニングテスト Part3
Real-Life 形式の内容一致選択

問題数 ▶ **5** 問

解答時間 ▶ **1** 問 **10** 秒

　短い英文を読んでからそれに関連する放送を聞き、最後に質問に答えます。実生活に即した状況が想定されていて、リーディングとリスニングの総合的な能力が問われます。リスニングの他の Part の問題と異なり、質問が問題用紙に印刷されていてあらかじめ読むことができますが、状況も合わせて読む時間はたった 10 秒です。

例題 | **2018 年度第 1 回**　　　　　　　　　　　　　　　　　　◀ 03

Situation:　You are a college student. You are talking to a career adviser about doing an internship. You have not decided which field you would like to work in.
Question:　What should you do first?

1　Send your résumé to some companies.
2　Ask for advice from your economics professor.
3　Take a personality test.
4　Join the interview-skills workshop.

■ スクリプト

You have 10 seconds to read the situation and the question.

You're a bit late starting the internship application process. There was a workshop to improve students' interview skills, but unfortunately that's just finished. Anyway, you've got to start sending your résumé out in the next few weeks. Before that, however, you have to decide the type of company you want to aim for. As an economics major, you have several options. So, I can give you a personality test to find out which type of work best suits you. After looking at the results, we can get started on your résumé.

話を展開させる語に注意して聞こう！

状況を確認したら、however や before that や so などの接続表現に注目して情報を整理しながら放送を聞きましょう。まず第2文で workshop to improve students' interview skills（学生の面接技術を高めるワークショップ）について言及されますが、直後に but（しかし）と続いてすでに finished（終わっている）と述べられます。次に résumé（履歴書）について説明されますが、これについても直後の Before that, however（しかし、その前に）で話の流れが変わり、どんな会社を志望するかを決めるために、a personality test（性格診断テスト）を受けるようにとのアドバイスがなされます。引き続き最終文まで聞くと After looking at the result（その結果を見てから）履歴書にとりかかるようにと述べられていることから、3 が正解だという裏付けが取れます。

正解	3

状況の訳 あなたは大学生だ。就職相談員とインターンシップをすることについて話している。あなたはまだどの分野で働きたいか決まっていない。

質問の訳 最初にすべきことは何か。

選択肢の訳 1 履歴書をいくつかの会社に送る。
2 経済学の教授にアドバイスを求める。
3 性格診断テストを受ける。
4 面接技術のワークショップに参加する。

スクリプトの訳

10秒で現在の状況と質問を読んでください。
あなたはインターンシップの申し込み手順を始めるのに少し遅れをとってしまいました。学生の面接技術を高めるワークショップもありましたが、残念ながらちょうど終わったところです。とにかく、この数週間で履歴書を送り始めなければなりません。でも、その前に、自分が目指す会社がどんな会社か決めなければなりません。経済学専攻として、いくつかの選択肢があります。ですから、あなたの性格診断をして、どんな仕事があなたに一番合うか調べてみることができます。その結果を見てから、私たちはあなたの履歴書にとりかかることができるでしょう。

関連教材
紹介

単語は1語1秒のリズムで覚える!
『1語1秒英単語 英検準1級』
トフルゼミナール・日本アイアール編著／テイエス企画

　本書では、巻末の「英検準1級 でる英単語」のコーナーで、復習を兼ねた単語学習をサポートしています。収録語数は約600語、ミニ模試の読解問題に登場した英検準1級頻出の英単語リストです。

　単語学習は、このように問題演習で出てきた単語を確実に覚えていくことが基本ですが、単語集を使って短期間に一気に単語力を強化することも必要になるでしょう。

　この『1語1秒英単語』は、

STEP 1 　1語1秒スピード暗記
STEP 2 　例文で暗記を強化
STEP 3 　熟語で得点力をアップ

の3ステップで構成されていますので、試験までに使える期間に応じた学習プランを立てることができます。時間が限られている場合はSTEP 1 だけを繰り返し、まずは1単語1訳を音声のリズムに乗って覚えてみましょう。準1級に頻出の1296語が「でる順」に収録されていますので、短期間で効率的な学習ができます。STEP 1 を7〜8割方覚えたら、STEP 2 に進んで同じ単語を例文と一緒に読み、聞くことで記憶を定着させるのが習得のコツです。

二次試験
英語での面接

問題数 ▶ ナレーション **1** 問と質疑応答

解答時間 ▶ 約 **8** 分

　4コマのイラストと指示文の描かれた「問題カード」を見ながら2分間でナレーションをして、その後に面接委員からの4つの質問に答えます。ナレーションの準備時間は1分間で、メモを取ることは許可されません。ニュースで取り上げられるような社会問題など、時事的なトピックが頻出します。

例題 | 2018 年度第 1 回 A 日程

You have one minute to prepare.

This is a story about a woman who became interested in a political party.
You have **two minutes** to narrate the story.

Your story should begin with the following sentence:
One day, a woman was at home with her husband.

　面接委員から受け取る「問題カード」のイラストの上には以上のような指示文が書かれています。最初の下線部ではイラストの状況設定が書かれていますので、ここで主人公が誰なのか確認しましょう。2つ目の下線部ではナレーションをする際に最初に読み上げる文が指定されています。これはイラストの1コマ目の状況を簡潔にまとめた文です。

　イラストを見るとそれぞれのコマに英語の文字情報がありますが、特に2コマ目以降の左上にある時間の経過を表す表現に注目してください。ナレーションをするときに1コマ目を One day（ある日）で始めることになるので、それにならって2コマ目以降もこうした表現で始めていくのが良いでしょう。時系列を明確に示しながら情報を整理して話すのが楽になります。

　登場人物の英語のセリフに加え新聞や掲示などにも英語の語句がありますが、これらもナレーションに含めることができます。しかし、文として不完全な場合は単語を補ったり必要に応じて別の表現に言い換えたりしましょう。

　さて、これで解答の要領はわかったと思いますが、ナレーションをする前に具体的にすべきことがあります。それは、英作文を書く場合と同じで①アイディアを整理して構想を練る、②正しい英語のセンテンスを作る、の2つです。次のページからは、2つのプロセスを可視化させながら英語ナレーション向上のためのトレーニングの手順を確認していきます。

■ トレーニング 1 　　　　　　　　　　　　　　◀04

　以下の英文は英検協会が公開している解答例のスクリプトです。右ページの「メモ」では4コマのイラストが表すストーリー全体を簡単に整理して、「アウトライン」では各コマから読み取れる情報を取捨選択して提示しています。まず、これらの「メモ」と「アウトライン」との内容的な対応関係を意識しながら、解答例の音声を何度も聞き込みましょう。実際の試験では、わずか1分間で頭の中で構想を練らなければいけませんが、この例題ではイラストを見てアイディアを「メモ」として書き出し、必要な情報を順番に並べながら「アウトライン」が再現できることを最終目標に取り組みましょう。

　One day, a woman was at home with her husband. The woman was showing him an advertisement for the ABC Party in the newspaper. It explained what the party's policies were, and also said that the party needed volunteers. She told her husband that she thought the policies were fantastic. The following week, one of the candidates from the ABC Party was making a speech. The woman and some other volunteers were helping the candidate by handing out leaflets to people who were passing by. On election night, the candidate won the election, and the woman celebrated with the other volunteers. She felt happy that she had helped him to win. Six months later, she and her husband were watching TV when they saw a news report about the ABC Party. The newscaster said the party was breaking the promises it had made during the election.

（146 語）

メモ

1 女性が政党の広告を見つける。
政策に賛同し、夫に話す。
党はボランティアを募集している。
2 そこで女性は選挙ボランティアとして活動を開始。
3 応援した候補者が無事当選し、女性たちは笑顔で祝福。
4 ところがその後、選挙公約が守られていないことをテレビで知る。

アウトライン

1コマ目

セリフ "Their policies are fantastic"
She was showing an advertisement for the ABC Party.
The party needed volunteers.

2コマ目

A candidate was making speech.
She joined in the volunteers.
She was handing out papers. / Many people were walking.

3コマ目

The candidate won the election.
She looked pleased. / The volunteers were clapping.

4コマ目

They were watching TV news.
セリフ "The ABC Party is breaking its promises."

　英作文の場合と同様、ナレーションの内容が組み立てられたら、今度は正しい英語のセンテンスを作るトレーニングに移ります。最初は下記の日本語文と右ページの英文を見比べて POINT で表現上のヒントを確認するところから始めて結構です。次の段階では、日本語文を見ながら滑らかにナレーションを再現できるレベルを目標に、音声を何度も聞いて真似しましょう。

1 コマ目

1 ある日、女性が夫と一緒に家にいた。

2 女性は彼に新聞に掲載されている ABC 党の広告を見せていた。

3 その広告には政党の政策が説明されていて、その政党はボランティアを必要しているとも書いてあった。

4 彼女は夫にその政策はすばらしいと思うと言った。

2 コマ目

1 次の週、ABC 党の候補者の 1 人が演説していた。

1 One day, a woman was at home with her husband.

POINT 時制を確認しよう。後に続く文の時制をこの文と一致させる。焦らずに、言葉の区切れを意識して読み上げる。

2 The woman was showing him an advertisement for the ABC Party in the newspaper.

POINT イラストは登場人物の「動作で」物語を表現する。だから情報を動作動詞で表現すると内容が伝わりやすくなる。女性は「いる」のではなく「見せている」と描写する。

3 It explained what the party's policies were, and also said that the party needed volunteers.

POINT 広告の内容を説明する。文字情報は全部拾い上げる。ABC 党の政策とボランティアを募集していることに言及する。

4 She told her husband that she thought the policies were fantastic.

POINT セリフもすべて拾うこと。模範解答は間接話法だが、直接話法でも構わない。どちらにせよ、文法ミスをしないように気をつけよう。

1 The following week, one of the candidates from the ABC Party was making a speech.

POINT コマ左上に書かれている時系列に触れるとコマの区切れが伝わりやすい。このコマから読み取れる情報は大きく 2 つ。第 1 に、候補者がスピーチしている様子である。

2 女性と他のボランティアたちは、通行人にパンフレットを手渡して候補者の支援をした。

1 選挙の夜、その候補者は勝利して、女性は他のボランティアたちと一緒に喜んだ。

2 彼女は彼の勝利に貢献できてうれしかった。

1 6ヶ月後、彼女と夫がテレビを見ていると、ABC 党についてのニュースがうつされた。

2 ニュースキャスターは、その党が選挙の間にした約束を破っていると述べた。

2 The woman and some other volunteers were helping the candidate by handing out leaflets to people who were passing by.

POINT) 2つ目の情報。女性がボランティアに参加し、チラシを配布していることを説明する。

1 On election night, the candidate won the election, and the woman celebrated with the other volunteers.

POINT) 時系列を述べ、情報を整理する。このコマでも情報は2つだろう。第1に、候補者の当選である。

2 She felt happy that she had helped him to win.

POINT) 第2に、それを女性がうれしそうな表情で祝福している様子である。時制に注意。手伝ったことは過去完了で表現する。

1 Six months later, she and her husband were watching TV when they saw a news report about the ABC Party.

POINT) 時系列を述べ、情報を拾い出す。夫婦がテレビを見ていることと、ニュースでABC党が取り上げられたことである。

2 The newscaster said the party was breaking the promises it had made during the election.

POINT) ニュースキャスターのセリフを引用する。先述の通り、話法はどちらでも構わない。模範解答のほとんどが間接話法だが、文法ミスが怖ければ直接話法でもよいだろう。

準備時間は1分です。

これはある政党に興味を持つようになった女性についての話です。

この話について2分間のナレーションをしてください。

話は次の文で始めなければなりません。

ある日、女性が夫と一緒に家にいた。

　　ある日、女性が夫と一緒に家にいた。女性は彼に新聞に掲載されているABC党の広告を見せていた。その広告には政党の政策が説明されていて、その政党はボランティアを必要しているとも書いてあった。彼女は夫にその政策はすばらしいと思うと言った。次の週、ABC党の候補者の1人が演説していた。女性と他のボランティアたちは、通行人にパンフレットを手渡して候補者の支援をした。選挙の夜、その候補者は勝利して、女性は他のボランティアたちと一緒に喜んだ。彼女は彼の勝利に貢献できてうれしかった。6ヶ月後、彼女と夫がテレビを見ていると、ABC党についてのニュースがうつされた。ニュースキャスターは、その党が選挙の間にした約束を破っていると述べた。

質疑応答の例

　ナレーションが終わると面接委員から４つの質問をされます。最初の質問はイラストの内容に直接関連したもので、残りの３つはイラストのトピックに直接的あるいは間接的に関連したものです。まずはスクリプトを読んで質問の内容や模範的な回答の分量を把握しましょう。次に音声を繰り返し聞いて参考にして受験者の回答が滑らかに口をついて出て来るまで音読をしてください。シミュレーションと口慣らしをしておくと自信につながります。

No. 1　　　　　　　　　　　　　　　　　　　　　　　　◀15

Examiner: Please look at the fourth picture. If you were the woman, what would you be thinking?

Examinee: I'd be thinking that it's very sad that the ABC Party had disappointed its supporters. Political parties often make promises to get votes, but then they fail to keep them after the election.

> 訳　面接委員：４番目の絵を見てください。もしあなたがこの女性なら、どんなことを考えますか。
>
> 受験者：ABC党が支持者をがっかりさせたのは悲しいことだと思います。政党は票を得るために約束をしますが、選挙が終わると守らないことが多いです。

No. 2　　　　　　　　　　　　　　　　　　　　　　　　◀16

Examiner: Is volunteering a good way for students to help society?

Examinee: No. Students should concentrate on their studies. They should make an effort to develop their minds by studying hard so that they can make a bigger contribution to society after graduation.

> 訳　面接委員：ボランティアは学生が社会を助ける良い方法ですか。
>
> 受験者：いいえ。学生は勉学に集中すべきです。彼らは、卒業後に社会により大きな貢献ができるように、一生懸命に勉強することで知性を発達させる努力をすべきです。

No. 3

Examiner: Should political leaders always do what the public wants?

Examinee: Yes. Political leaders should understand that they are the representatives of the people. They need to listen to the people in their local area, and then they should make policies based on those ideas.

> 訳　面接委員：政党のリーダーは民衆が求めることをいつもするべきですか。
>
> 　　受験者：はい。政党のリーダーは自分が人々の代表であることを理解するべきです。彼らは地元の人々の声に耳を傾ける必要があります。そして、そうした考えに基づいて政策を作るべきです。

No. 4

Examiner: Should the government raise taxes in order to improve medical care?

Examinee: Yes. Japan's population is aging rapidly, and at the same time, there is a serious shortage of doctors. The government has a responsibility to provide adequate medical care to all seniors.

> 訳　面接委員：政府は医療制度を改善するために税金をあげるべきですか。
>
> 　　受験者：はい。日本の人口は急速に高齢化しています。同時に、医者不足は深刻になっています。政府にはすべての高齢者に適切な医療を提供する責任があります。

DAY 1

ミニ模試

筆記試験・リスニングテスト

[目標解答時間：20 分＋リスニング]

1 *To complete each item, choose the best word or phrase from among the four choices.*

(1) Roy hated the idea of selling his guitar. However, he needed the money, so he eventually overcame his (　　　　) and put an advertisement in the newspaper.

  1 projection　　**2** petition　　**3** reluctance　　**4** abundance

(2) Janet (　　　　) her brother with watching her dog while she was on vacation. She knew he would take excellent care of it.

  1 entrusted　　**2** scraped　　**3** paved　　**4** simmered

(3) Because of a late delivery of raw materials, the factory's workers were (　　　　) for several days, causing production to fall behind schedule.

  1 idle　　**2** corrupt　　**3** petty　　**4** cordial

(4) After his retirement from office, the former mayor started an organization dedicated to the (　　　　) of homelessness from his city.

  1 declaration　　**2** attachment　　**3** elimination　　**4** supplement

(5) The house was so old that the walls had begun to (　　　　). When someone was almost hit by a falling brick, the owner decided the house would have to be taken down.

  1 sharpen　　**2** crumble　　**3** vibrate　　**4** stimulate

(6) Wendy thought she was going to (   ) a lot of money when her grandfather died. She was shocked to learn that he had left her almost nothing.

1 come into   **2** bring about   **3** close in   **4** sum up

(7) Justine was angry at her husband for losing money in the stock market, but he said it was not his fault as he had (   ) the advice of his trusted financial adviser.

1 acted on   **2** fixed up   **3** thrown off   **4** cleaned out

2 *Read each passage and choose the best word or phrase from among the four choices for each blank.*

Young People and Sports

Many athletes considering a career in professional sports start preparing from a young age, but young people in the United States now appear to be specializing in one sport earlier and earlier. A recent survey by doctors at Thomas Jefferson University Hospital found current high school students began specializing in their chosen sport at around age 13, whereas current college students and professionals started at around age 15. Over three-quarters of the high school athletes surveyed were of the opinion that early specialization results in better performance. This view (**8**) professional athletes. Out of the 1,731 pros polled in the study, a mere one-fifth said they would want their own children to specialize in one sport.

The trend to specialize early (**9**). A study led by Dr. Drew Watson of the University of Wisconsin-Madison examined 49 female soccer players between the ages of 13 and 18. Some of the girls played various sports, while the others had chosen to play only soccer. Despite both groups getting just over eight hours of sleep, the girls who played multiple sports reported higher-quality sleep, better mood, lower stress, and less fatigue and soreness than the girls who played only soccer. (**10**), a study led by sports-medicine researcher Timothy McGuine found that specializing in just one sport increased high school athletes' chances of suffering a sports-related injury by around 50 percent. It therefore seems that teenage athletes' physical and mental health benefit when they play a range of sports.

（8） 1　was less likely to be held by
　　　 2　seems to be increasing among
　　　 3　has been widely encouraged by
　　　 4　has led to criticism of

（9） 1　is not seen with every sport
　　　 2　could actually be harmful
　　　 3　is based on evidence of its benefits
　　　 4　could be slightly exaggerated

（10） 1　Instead
　　　　2　For one thing
　　　　3　Similarly
　　　　4　Regardless

DAY 1
DAY 2
DAY 3
DAY 4
DAY 5
DAY 6
DAY 7
DAY 8
DAY 9
DAY 10

3 Read each passage and choose the best answer from among the four choices for each question.

Stranded Whales

In January and February 2016, more than two dozen male sperm whales were found washed up on European beaches around the North Sea. These whales had entered shallow waters with sand or mud on the bottom, which prevented them from using sonar clicks to navigate. They became trapped in these shallow areas, and without enough water to support their tremendous weight, their lungs collapsed and the whales died of respiratory failure. It was initially thought the whales had entered the areas in pursuit of squid, a favorite prey food, or that they might have swallowed fatal quantities of plastic. However, these theories were quickly disproved.

After further research, an alternative explanation emerged. Whales use both sonar and Earth's magnetic field to navigate. In December 2015, when sperm whales were migrating south from the Norwegian Sea, the aurora borealis was visible. These bright lights in the northern sky are caused by storms that occur on the sun, and they are a sign that these storms are strongly interfering with Earth's magnetic field. Such storms can confuse migratory animals such as birds, and probably also caused whales relying on the magnetic field to become disoriented and enter shallow waters.

All the stranded whales were young males. In general, female sperm whales and their babies remain in waters around the equator. Males, on the other hand, migrate in what are known as "bachelor groups" once they become independent between the ages of 10 and 15. Older, experienced males are more solitary and travel alone, leaving the inexperienced males to fend for themselves. Scientists believe the young males were relying on magnetic sensing and did not realize they had strayed from their migration route. In contrast, more experienced whales would have known to use other navigation methods, such as sonar clicks, to reorient themselves before it was too late.

(11) What happened to the whales that were found on North Sea beaches?

1 The large amounts of sand and mud in the waters they swam into entered their lungs and affected their breathing.

2 The squid they were hunting led them to unfamiliar territory, where they consumed harmful plastic waste.

3 They swam into shallow areas where their heavy weight resulted in their being unable to breathe.

4 They consumed a type of animal that happened to be toxic, making them too ill to swim to deeper waters.

(12) What is true of the aurora borealis in the context of the passage?

1 It was so much brighter than usual that many sea animals became distracted by the lights and were unable to orient themselves.

2 It was a result of the same phenomenon that had likely caused the whales to become confused and navigate incorrectly.

3 Its presence over the Norwegian Sea caused many birds to fly toward the North Sea, which led the whales to follow.

4 Its appearance farther south than usual weakened the whales' ability to use sonar clicks to confirm the depth of the waters.

(13) If the whales had been older, they would have

1 realized that they had traveled off course and tried to find their way again using a different method.

1 been less independent and therefore swum back toward the equator to return to the females.

3 known to follow the lead of the females, which generally travel more and have better navigation skills.

4 been unable to use sonar clicks to request help from other whales that were nearby.

There are three parts to this listening test.

Part 1	Dialogues: 1 question each	Multiple-choice
Part 2	Passages: 2 questions each	Multiple-choice
Part 3	Real-Life: 1 question each	Multiple-choice

Part 1

◀ 19 >>> 21

No. 1
1 She is a difficult customer.
2 She is too aggressive.
3 She is popular with the staff.
4 She is not polite to the customers.

No. 2
1 Raheem spends too much money on bowling.
2 Raheem should not have lent Alex money.
3 Alex should borrow from a friend with more money.
4 Alex should not go to the club tonight.

No. 3
1 Discuss the issue with Adam.
2 Take away Adam's computer games.
3 Take Adam to see a doctor.
4 Make Adam go to bed earlier.

Part 2

◀22

No. 4

1 He lost some of his biggest fans.
2 The image of baseball gloves improved.
3 Charles Waitt criticized him for doing so.
4 The crowds at professional games decreased.

No. 5

1 Padding in gloves stopped being used.
2 Catchers refused to use larger gloves.
3 Rules about gloves were made.
4 Gloves for left-handed players were introduced.

Part 3

◀23

No. 6

Situation: You are at a comic-book convention. You want to attend the panel discussion. You are a vegetarian. You hear the following announcement.

Question: Where should you get your lunch?

1 Mary Jane's.
2 The Mediterranean restaurant.
3 The Indian food stand.
4 The first-floor café.

■ 正解一覧

筆記試験

1	（1）	（2）	（3）	（4）	（5）
	3	1	1	3	2

	（6）		（7）
	1		1

2	（8）	（9）	（10）
	1	2	3

3	（11）	（12）	（13）
	3	2	1

リスニングテスト

1	No. 1	No. 2	No. 3
	2	2	1

2	No. 4	No. 5
	2	3

3	No. 6
	3

■ 訳と解説

筆記 1 短文の語句空所補充

（1）　**正解** 3

訳 ロイは自分のギターを売るのを考えるのも嫌だった。しかし、彼はお金が必要だったので、結局彼は自分の不本意な気持ちを克服して新聞に広告を載せた。

1 予測　　　　2 請願　　　　3 不本意　　　　4 豊富さ

解説 Roy hated the idea of selling his guitar（ロイは自分のギターを売るのを考えるのも嫌だった）とあるので、売るための広告を出すのに overcome（克服する）必要があるのは 3 の reluctance（不本意）、つまり「本当は売りたくない」という気持ちだと分かる。be reluctant to do（～したくない、～する気が進まない）も大切な表現だ。

（2） 正解 **1**

訳　ジャネットは休暇中に自分の犬の世話を弟に任せた。彼なら大事に面倒を見てくれると彼女には分かっていた。

　1　任せた　　　　　2　削り取った　　　　3　舗装した　　　　4　ぐつぐつ煮た

解説　ジャネットの弟について he would take excellent care of it（彼なら大事に面倒を見てくれる）とあるので、彼女は旅行中彼に watching her dog（犬の世話）を 1 entrusted（任せた）とするのが正解。entrust A with B（A に B を任せる）を覚えておこう。

（3） 正解 **1**

訳　原材料の配達が遅かったため、工場の労働者は数日間仕事がなくなり、生産が予定より遅れた。

　1　仕事がない　　　2　腐敗した　　　　3　ささいな　　　　4　誠心誠意の

解説　Because of a late delivery of raw materials（原材料の配達が遅かったため）とあるので、その結果 workers（労働者）がどういう状態なのかを考える。分詞構文 causing production to fall behind schedule（生産が予定より遅れた）が続いていることも考慮して、労働者について 1 idle（仕事がない）とすれば文意が通る。

（4） 正解 **3**

訳　退任後、前市長は市のホームレス問題の根絶のための組織を設立した。

　1　宣言　　　　　　2　愛着　　　　　　3　根絶　　　　　　4　補完

解説　前市長が退職後にホームレスの問題をどうしようとしたのかを考えると、3 elimination（根絶）が適合する。dedicated to ～は「～専用の」の意味で、この文では dedicated 以降が an organization（組織）を修飾している。

（5）　正解　　2

訳　その家はとても古かったので、壁が崩れ始めていた。落下したレンガにぶつかりそうになった人が出たときに、所有者は家を取り壊さなければならないと結論づけた。

1 とがる　　　　2 崩れる　　　　3 振動する　　　4 刺激する

解説　so that 構文であることに注目する。家が so old（とても古い）なら壁がどうなるのかを考えて 2 crumble（崩れる）を選ぶ。第 2 文の someone was almost hit by a falling brick（落下するレンガにぶつかりそうになった人がいた）からも裏付けが取れる。壁が 3 vibrate（振動する）だけでレンガは落ちないので、この選択肢は不正解。

（6）　正解　　1

訳　彼女の祖父が亡くなったとき、ウェンディはたくさんのお金を相続するものだと思っていた。彼女は彼が遺産としてほとんど何も残していないことを知ってショックを受けた。

1 〜を受け継ぐ　　2 〜をもたらす　　3 包囲する　　　4 〜を要約する

解説　ウェンディは her grandfather died（彼女の祖父が死んだ）ときに a lot of money（たくさんのお金）をどうするものだと思っていたのかを考える。inherit（〜を相続する）と同じ意味の 1 come into が正解。基本動詞の熟語はできるだけたくさん覚えよう。

（7）　正解　　1

訳　ジャスティンは彼女の夫が株で損したことに怒ったが、彼は自分の信任した財政顧問のアドバイスに従って行動したので自分のせいではないと言った。

1 〜に従って行動した　　　　　　2 〜を修繕した
3 〜を振り払った　　　　　　　　4 〜の中を掃除した

解説　he said it was not his fault（自分のせいではないと言った）から、ジャスティンの夫が losing money（金を損失したこと）を他人のせいにしていると分かる。財政顧問の the advice（アドバイス）との関係を考えて 1 acted on（〜に従って行動した）を選ぶ。act（行動する）と on（〜に基づいて）の組み合わせから意味が推測できるはずだ。

筆記 2　長文の語句空所補充

若者とスポーツ

　プロスポーツでのキャリアを考えている多くのアスリートは若い頃から準備を始めるが、今やアメリカの若者が 1 つのスポーツを専門にする時期がさらに早まっているようだ。トマス・ジェファーソン大学病院の医師による最近の調査によると、現在の高校生が 13 歳頃から自分の選んだスポーツを専門にし始めるのに対して、現在の大学生や専門家は 15 歳頃から専門にし始めていた。調査を受けた高校生アスリートの 4 分の 3 以上が、早期の専門化はパフォーマンスの向上につながるという意見だった。この見解がプロのアスリートによって支持されることはあまりなさそうだ。この調査で回答した 1731 人のプロのうち、たった 5 分の 1 だけが自分の子供たちに 1 つのスポーツを専門にしてほしいと答えたのだ。

　早期に専門化する傾向は実際には悪影響をもたらす可能性がある。ウィスコンシン大学マディソン校のドリュー・ワトソン博士が率いる研究では、13 歳から 18 歳までの 49 人の女子サッカー選手を調査した。様々なスポーツをしていた女の子もいたが、サッカーをすることのみを選択した女の子もいた。両グループが 8 時間をわずかに上回る睡眠をとっていたにもかかわらず、複数のスポーツをしていた女の子はサッカーだけをしていた女の子よりも睡眠の質が高く、気分が良く、ストレスが少なく、疲労感や痛みが少ないと報告した。同様に、スポーツ医学の研究者であるティモシー・マッギンが行った調査によって、1 つのスポーツだけに専念すると高校生アスリートがスポーツ関連の怪我をする可能性が約 50% 増加することが明らかになった。したがって、10 代のアスリートは様々なスポーツをすると身体的・精神的健康に良いのだと考えられる。

（8）　正解　**1**

選択肢の訳　1　〜によって支持されることはあまりなさそうだ
　　　　　　2　〜の間で増えているようだ
　　　　　　3　〜によって広く奨励されている
　　　　　　4　〜の批判につながっている

解説　空所直前の This view とは前文の早期の専門化を支持する意見のことだ。空所の次の文を見ると、自分の子供が１つのスポーツに専念してほしいと回答したアスリートが a mere one-fifth（たった５分の１だけ）だったとあるので、賛成していないことを表す１が正解。批判までしているわけではないので４は不可。

（9）　正解　**2**

選択肢の訳　1　すべてのスポーツで見られるわけではない
　　　　　　2　実際には悪影響をもたらす可能性がある
　　　　　　3　その利点の証拠に基づいている
　　　　　　4　わずかに誇張される可能性がある

解説　第２パラグラフ第４文を読むと、複数のスポーツをしていた女子選手の方が sleep（睡眠）と mood（気分）が改善され stress（ストレス）や fatigue（疲労感）や soreness（痛み）が軽減していたとある。このことから、逆に１つの種目に専門化すると良い効果が得られないのだと推測できる。

（10）　正解　**3**

選択肢の訳　1　その代わりに
　　　　　　2　一つの理由として
　　　　　　3　同様に
　　　　　　4　関係なく

解説　空所の後では１つのスポーツだけに専念すると chances of suffering a sports-related injury（スポーツ関連の怪我をする可能性）が増すという研究について言及されている。これは空所の前の１つだけに専念することは良くないという別の研究と同様の結果なので、3 Similarly（同様に）が正解。

筆記3 長文の内容一致選択

座礁クジラ

　2016年の1月と2月に、北海周辺のヨーロッパの海岸で20頭以上のオスのマッコウクジラが打ち上げられているのが見つかった。これらのクジラは、底に砂や泥が積もった浅瀬に入ったため、クリック音を使って移動することができなかった。クジラはこうした浅瀬の海域に閉じ込められ、途方もない体重を支えるのに十分な水がなかったため、肺が虚脱して呼吸不全で死んでしまった。当初は、クジラがお気に入りの獲物であるイカを追ってこの海域に入ったか、あるいは彼らが致命的な量のプラスチックを飲み込んだ可能性があると考えられた。しかし、これらの説はすぐに誤りだと分かった。

　さらなる調査の結果、別の説明が浮上した。クジラは航行するためにソナーと地球の磁場の両方を使う。マッコウクジラがノルウェー海から南に移動していた2015年12月にはオーロラが見えた。北の空のこうした明るい光は太陽の表面で発生する嵐によって引き起こされるが、こうした嵐が地球の磁場を大きく妨害しているという表れでもある。このような嵐は鳥のような渡りをする動物を混乱させる可能性があり、おそらく磁場に頼っているクジラが方向感覚を失って浅瀬に入る原因にもなった。

　座礁したクジラはすべて若いオスだった。一般的に、メスのマッコウクジラとその赤ちゃんは赤道周辺の海域に留まる。その一方で、オスは10歳から15歳の間に自立するようになると、「独身群」というものを作って移動する。年をとった経験豊富なオスは孤立しがちで一頭で移動し、経験のないオスたちが自立するように促す。科学者たちは、打ち上げられた若いオスは磁気の検知に頼って自分たちの移動経路から外れたことに気づかなかったのだと考えている。対照的に、より経験豊富なクジラならクリック音などの他の航行方法を使うべきだと認識して、手遅れになる前に自分の位置を把握し直していただろう。

(11)　正解　3

訳　北海の海岸で見つかったクジラに何が起こったのか。

1 侵入した海域の大量の砂と泥が肺に入り、呼吸に影響を与えた。

2 追っていたイカに不慣れな海域まで誘導され、そこで有害なプラスチック廃棄物を食べてしまった。

3 浅瀬に入り込み、そこで体重が重いため呼吸できなくなった。

4 たまたま有毒な動物を食べ、体の調子を崩してより深い水域まで泳げなくなった。

解説　第1パラグラフ第3文によると、浅瀬に入り込んだら体重を支えるだけの水がなく、their lungs collapsed（肺が虚脱した）結果 respiratory failure（呼吸不全）で死んだとあるので3が正解。2のプラスチック廃棄物については直接的な死因ではないと判明したとあるので誤り。

(12) 正解 2

訳 この文章の文脈で考えたとき、オーロラに当てはまることは何か。

1 通常よりはるかに明るかったので、多くの海洋動物が明かりに気を取られて自分の位置が分からなくなってしまった。

2 おそらくクジラを混乱させて誤った方向に移動させたのと同じ現象の結果だった。

3 ノルウェー海の上空で見えたため、多くの鳥が北海に向かって飛んできて、クジラがその後に続いた。

4 通常よりも南で見えたため、クリック音を使って水深を確認するクジラの機能が弱まった。

解説 第2パラグラフ第4文でオーロラを引き起こしている太陽の表面の嵐について Earth's magnetic field（地球の磁場）を妨害しているとあり、続く第5文に Such storms ... caused whales relying on the magnetic field to become disoriented（このような嵐は…磁場に頼っているクジラが方向感覚を失う原因になった）と書かれている。

(13) 正解 1

訳 クジラがもっと年上だったら、彼らは…だろう。

1 コースから外れて移動したことに気付き、別の方法を使ってもう一度正しいルートを見つけようとした

2 それほど自立していなかったので、メスのもとに戻るために赤道に向かって泳いで帰った

3 一般的により多く移動し航行技術の優れたメスの後に続くべきだと分かっていた

4 近くにいた他のクジラから助けを要請するためにクリック音を使うことができなかった

解説 第3パラグラフ第5文で若いクジラは自分たちの移動経路から外れたことに気付かなかったとあり、最終文で more experienced whales（より経験豊かなクジラ）なら other navigation methods（他の航行方法）を使って reorient themselves（自分の位置を把握し直す）ことができていたはずだとあるので、1が内容的に一致する。

No. 1

◀19

スクリプト

W: I can't stand the way Lisa steals all the customers. She doesn't give anyone else a chance.

M: I know. But I guess that's why she's "Sales Clerk of the Year."

W: I need to increase my commissions, so I guess I'm going to have to be more aggressive myself.

M: Well, just don't become another Lisa. That won't endear you to the rest of the staff.

Question: What do the speakers say about Lisa?

訳　女性：客をみんな取っていくリサのやり方には我慢できないわ。彼女は他人にチャンスを与えないんだから。

男性：そうだね。でも、だから彼女が「年間最優秀販売員」なんだろうね。

女性：歩合を増やす必要があるから、私ももっと強気になる必要がありそうね。

男性：うーん、ただもう1人のリサにはならないでね。あれじゃ残りの従業員から好かれるようにはならないだろうから。

質問：話し手はリサについて何と言っているか。

正解　2

選択肢の訳　1　難しい顧客だ。
2　強引すぎる。
3　スタッフに人気がある。
4　客に礼儀正しくない。

解説　女性が I'm going to have to be more aggressive myself（私ももっと強気になる必要がありそうね）と言った後で、男性が another Lisa（もう1人のリサ）にならないでほしいと述べていることから、リサが aggressive（強引）なのだとわかる。

スクリプト

W: Hey, Raheem. Some of us are going bowling tonight, then heading to a club. Do you want to come?

M: I'd love to, but I don't think I can afford it. I had to lend Alex some money to keep him going until payday.

W: Really? I'd never do that. Lending money to friends is just a recipe for disaster.

M: Maybe, but it was difficult to say no. Anyway, I'm sure he'll give it back as soon as he can.

W: I hope he does.

Question: What does the woman imply?

訳 女性：ねえ、ラヒーム。私たち何人かで今夜ボーリングをしに行って、それからクラブに行くんだけど、一緒に来ない？

男性：そうしたいんだけど、そんな余裕はないと思う。アレックスが給料日まで乗り切れるようにお金を少し貸してあげないといけなかったんでね。

女性：本当？ 私だったら絶対そんなことはしないわ。友達にお金を貸すなんて災いのもとでしかないわ。

男性：そうかもしれないけど、断りにくかったんだ。ともあれ、できるだけ早く返してくれるだろうと思うけどね。

女性：そうならいいけど。

質問：女性は何を示唆しているか。

正解 2

選択肢の訳 1 ラヒームはボーリングにお金を使いすぎている。

2 ラヒームはアレックスにお金を貸すべきではなかった。

3 アレックスはもっとお金のある友人から借りるべきだ。

4 アレックスは今夜クラブに行くべきではない。

解説 アレックスにお金を貸したラヒームに対して、女性が Lending money to friends is just a recipe for disaster（友達にお金を貸すなんて災いのもとでしかない）と述べている。この発言を現状に当てはめて言い換えた 2 が正解。

No. 3

スクリプト

W: Honey, I think I know why Adam has trouble getting to sleep.
M: Really?
W: Yeah. I read an article in today's paper. Health experts say that the amount of time a child is inactive during the day influences how long it takes them to fall asleep at bedtime.
M: Hmm . . . I suppose Adam does spend a lot of time playing computer games.
W: Exactly. He played for four hours straight yesterday! We should have a talk with him.
M: You're right. That is a bit excessive.
Question: What does the couple decide to do?

訳　女性：ねえあなた、なんでアダムが眠れないのか分かるような気がするわ。
　　男性：本当に？
　　女性：ええ。今日の新聞である記事を読んだの。医療の専門家の話だと、子供が日中体を動かさないでいる時間の長さによって就寝時に眠りにつくまでの時間が左右されるんだって。
　　男性：うーん。アダムは長時間コンピュータゲームをしてると思うね。
　　女性：その通りよ。昨日は4時間連続で遊んでたわ！ アダムと話をすべきよ。
　　男性：そうだね。ちょっとやりすぎだね。
　　質問：夫婦は何をすることにしたか。

正解　1

選択肢の訳　1 アダムと問題について話し合う。
　　　　　2 アダムのコンピュータゲームを取り上げる。
　　　　　3 アダムに医師の診察を受けさせる。
　　　　　4 アダムにもっと早く就寝させる。

解説　夫婦が息子のアダムの睡眠障害について話している。会話の最後の方で母親がWe should have a talk with him（彼と話をすべき）と述べると、父親もそれに同意しているので、同じ内容の1を選ぶ。

No. 4 〜 No. 5　　　　　　　　　　　　　　　　　◀ 22

スクリプト

Early Baseball Gloves

In the early days of professional baseball in the US, players played barehanded because it was considered unmanly to use gloves. In 1875, a pitcher named Charles Waitt, who had injured his hand, became the first professional to wear a glove. A few other players began wearing them, but many fans called it shameful. In 1877, though, the highly respected player Albert Spalding started wearing one. This influenced many other players to use one, and fans gradually accepted this change.

By 1895, so many players were using gloves that it became necessary to introduce regulations regarding their use. Because catchers and first basemen had to use their gloves the most, it was decided that they could use larger gloves with more padding. Other gloves, however, had to remain small and offered only a little protection. Since then, baseball gloves have become much more comfortable.

Questions

No. 4　What happened as a result of Albert Spalding wearing a baseball glove?

No. 5　What happened in 1895?

訳　　　　　　　　　　　　初期の野球用グラブ

　アメリカのプロ野球の初期の頃、グラブを使用するのは男らしくないと考えられていたため、選手は素手でプレーしていた。1875年、手を怪我したチャールズ・ウェイトという投手が最初にグラブをはめたプロ選手になった。他の何人かの選手も着用し始めたが、多くのファンはそれを恥ずべきだと言っていた。しかし、1877年、非常に尊敬されていた選手のアルバート・スポルディングがはめるようになった。このことに影響を受けた多くの選手がグラブを使うようになり、ファンは徐々にこの変化を受け入れた。

　1895年までに、非常に多くのプレーヤーがグラブを使用していたので、それらの使用に関する規制を導入することが必要になった。キャッチャーと一塁手は最も多くグラブを使用しなければならなかったので、彼らはより多くのパッドを入れたより大きなグラブを使用することができると決定した。しかし、他のグラブは小さいままでなくてはならず、ごくわずかな保護にしかならなかった。それ以来、野球用グラブはずっと快適になった。

No. 4

正解 2

質問の訳 アルバート・スポルディングが野球用グローブを身に付けた結果、どうなったか。

選択肢の訳 1 彼は自分の最大のファンを何人か失った。
2 野球用グラブのイメージが良くなった。
3 チャールズ・ウェイトはそうしたことで彼を批判した。
4 プロの試合の観衆が減った。

解説 もともと多くの野球ファンはグラブを使用することが shameful（恥ずべき）だと考えていた。しかし、スポルディングが使うようになると他の選手も影響を受けて使うようになり、fans gradually accepted this change（ファンは徐々にこの変化を受け入れた）と述べられている。内容的に一致するのは 2 だ。

No. 5

正解 3

質問の訳 1895 年に何が起こったか。

選択肢の訳 1 グラブの詰め物が使用されなくなった。
2 キャッチャーがより大きな手袋を使うことを拒んだ。
3 グラブに関する規則が制定された。
4 左利き用のグラブが導入された。

解説 1895 年に関連して起こった出来事については、グラブが普及していった結果として it became necessary to introduce regulations regarding their use（それらの使用に関する規制を導入することが必要になった）と述べられている。この内容を言い換えた 3 が正解。

No. 6

◀23

スクリプト

You have 10 seconds to read the situation and Question No. 6.

Thank you everyone. We'll break for lunch now. The next event, the panel discussion with Brian Reynolds, creator of Space Dynasty, will begin in one hour. For lunch options, if you like hamburgers, Mary Jane's restaurant is just across the street. For vegetarians, there's a Mediterranean restaurant two blocks east of here. It's popular, though, so there'll be at least an hour wait for tables. There's also an outdoor Indian food stand nearby, which has a variety of meat and nonmeat options, so you could get something there and eat in the lobby of this building, where there's plenty of seating. Unfortunately, the café on the first floor is closed for remodeling.

Now answer the question.

訳　10秒で現在の状況と質問 No. 6 を読んでください。

皆さん、ありがとうございました。それでは今から昼休みにいたします。次の
イベントである宇宙王国の作者ブライアン・レイノルズ氏とのパネルディス
カッションは1時間後に始まります。昼食を取る場所ですが、ハンバーガーが
好きな方はメアリー・ジェーンズ・レストランが向かいにあります。ベジタリ
アンの方は、ここから東へ2ブロック先に地中海料理レストランがあります。
ただし、人気のお店なのでテーブルに着くまでに少なくとも1時間は待つこと
になるでしょう。近くにはインド料理の屋台もあり、様々なお肉とお肉以外の
料理が選べます。ですから、そこで何か買って、たくさんの座席があるこの建
物のロビーで食べることもできるでしょう。残念ながら、1階のカフェは改装
工事のため休業中です。

それでは解答してください。

正解	3

状況の訳 あなたは漫画祭に来ている。パネルディスカッションに出席したいと思っている。あなたはベジタリアンだ。次のようなアナウンスが聞こえる。

質問の訳 どこで昼食を食べますか。

選択肢の訳　1　メアリー・ジェーンズ。
　2　地中海料理のレストラン。
　3　インド料理の屋台。
　4　1階のカフェ。

解説 1時間後に始まるパネルディスカッションに出席する前に、ベジタリアンの食事を済ませるためにはどこに行くべきかが問われている。地中海料理のレストランが紹介されているが、there'll be at least an hour wait（少なくとも1時間は待つことになる）と述べられているので、nonmeat options（肉以外の料理の選択肢）もあるインド料理の屋台を選ぶ。

DAY 2
ミニ模試

筆記試験・リスニングテスト

[目標解答時間：20分＋リスニング]

目標解答時間 〉20 分

1 *To complete each item, choose the best word or phrase from among the four choices.*

（1）The general refused to (   ) information about the military's strategy for the war to the media. He was worried that doing so might help the enemy.

   1 fracture   2 disclose   3 invoice   4 withstand

（2）A: Tom, it was really (   ) of you not to offer Stan a ride after the game. He had to walk three kilometers to get home!
   B: Sorry. I thought he would have asked if he wanted a ride.

   1 inconsiderate   2 fundamental
   3 generic   4 plentiful

（3）The athlete hired a lawyer to fight the (   ) that he had used illegal drugs. He said the charges made against him were false.

   1 inclination   2 predator   3 allegation   4 ascent

（4）Dr. Smith told the patient his tooth had (   ) so badly she would have to pull it. She warned him to start taking better care of his teeth.

   1 hovered   2 bragged   3 decayed   4 conspired

（5）The racecar drivers came to a complete (   ) because of the accident. The race started again once the damaged car had been cleared from the track.

   1 menace   2 contraction   3 millennium   4 standstill

模試

DAY 1
DAY 2
DAY 3
DAY 4
DAY 5
DAY 6
DAY 7
DAY 8
DAY 9
DAY 10

(6) The presidential candidate won a (　　　) victory, receiving over 80 percent of the votes. It was clear that the country was in favor of his proposed policy changes.

1 decisive　　**2** grouchy　　**3** parasitic　　**4** spherical

(7) A: Why did you choose to major in psychology, Tara?
B: I became (　　　) by it when I took a psychology class during my first year. Every textbook I read made me want to learn more.

1 sheltered　　**2** intrigued　　**3** modified　　**4** dreaded

(8) Lena was (　　　) thinner when she returned from her year abroad. In fact, many of her friends said they did not recognize her at first.

1 briefly　　**2** doubtfully　　**3** cautiously　　**4** notably

(9) Maurica's husband is a bad driver, but she never tells him so because she does not want to (　　　) any trouble. She knows he would get angry if she said anything.

1 stir up　　**2** count on　　**3** shut out　　**4** lock in

(10) When Glen took his car to get a tire fixed, he also asked the mechanic to (　　　) the engine. He was pleased by how much better the car ran afterward.

1 call on　　**2** hang up　　**3** show off　　**4** tune up

Read each passage and choose the best answer from among the four choices for each question.

The Zoot Suit Riots

During the late 1930s and early 1940s, a fashion trend in the United States caused such controversy that it led to violence and rioting. The zoot suit – an oversized and colorful suit, accompanied by a long keychain and fedora-style hat – was initially worn by young African-Americans, and was subsequently adopted by second-generation Mexican-Americans known as pachucos. According to Mexican writer Octavio Paz, the pachucos adopted the zoot suit out of a desire to distance themselves from mainstream America, which they felt had rejected them. It not only gave them a distinct identity but also signified their rebelliousness. Instead of trying to fit in, as their parents had, the pachucos sought to stand out, both in their choice of clothing and in the way they behaved. As the pachucos' opposition to authority sometimes crossed the line into minor crimes and drug use, the zoot suit began to be associated with criminal behavior. This in turn strengthened the anti-establishment status of those who wore it, increasing the zoot suit's popularity to the point where working-class white men and even teenage girls began to adopt it.

US involvement in World War II led to a fabric shortage, and the government introduced tailoring restrictions that effectively outlawed the manufacture of zoot suits. Demand remained strong, however, and underground tailors continued production. In the eyes of the public and the authorities, zoot suits became not only morally and socially questionable but also unpatriotic, as wearing them represented a refusal to obey laws that were meant to help the United States win the war. Matters came to a head in Los Angeles in 1943, when tensions between uniformed military servicemen and gangs of zoot-suit-wearing pachucos exploded into violence. During weeks of rioting that spread to other cities, zoot suit wearers were routinely hunted down and attacked by servicemen, who forcibly removed the offending suits and often beat the wearers.

The pachucos, unsurprisingly, fought back, and it was their part in the violence that was emphasized in the press. Newspapers described their beating and stripping by soldiers as fair punishment for their rebellious behavior, and failed to report the arrests of servicemen. Reporters also largely ignored the number of women and white men among those wearing zoot suits, implying zoot suit wearers were either Mexican-American or African-American males trying to avoid military service.

Little attempt was made to look into the circumstances behind the riots, and both the low economic status of the minority youths and the fact that they were viewed by many as second-class citizens were overlooked as causes. While the social, economic, and racial elements of the riots are now widely accepted, few Americans at the time were ready to acknowledge them. The zoot suit may have been as much a fashion as a political statement, but there is no denying the significant effect the zoot suit riots had on the attitudes of an entire generation of socially disadvantaged youths. The political awareness and discontent caused by the conflict helped make possible the activism of minorities in the civil rights movement of the 1960s, which eventually led to greater equality and opportunity for all.

(11) According to Octavio Paz, the reason pachucos adopted the zoot suit was that it

1 helped the mainstream population accept them in spite of their reputation for committing illegal acts.

2 demonstrated that they were unwilling to adopt conventional standards of American culture.

3 enabled them to identify with the working-class white people who were also rebelling against the mainstream.

4 expressed the negative feelings they felt toward their parents for failing to help them become accepted in American society.

(12) What is true of the zoot suit after the United States entered World War II?

1 The government encouraged servicemen to use force against companies that manufactured zoot suits.

2 The zoot suit came to be seen as an indication that the individual wearing it did not support the war effort.

3 People who continued to wear zoot suits did so mainly to express their belief that Mexican-Americans should refuse to serve in the military.

4 A fabric shortage led to changes in the design of the zoot suit, which made it even more offensive to servicemen and other groups.

(13) One example of bias in the media coverage of the zoot suit riots was that the newspapers

1 claimed the pachucos deserved to be punished even more severely for their activities than they had been.

2 made an effort to convince authorities not to arrest servicemen who were participating in fights with the pachucos.

3 criticized zoot suit wearers because their fashion was based on clothes traditionally worn by members of the lower classes.

4 disregarded the fact that not everyone who wore zoot suits was an African-American or Mexican-American male.

(14) Which of the following statements best describes the American public's reaction at the time of the riots?

1 Most people failed to link the riots to the disadvantaged backgrounds of minority youths and their unequal status in society.

2 People on both sides of the riots chose to give the zoot suit a political significance which it did not, in reality, possess.

3 The riots were widely regarded as arising from anger over treatment of minority groups in the United States.

4 The riots were thought to be occurring because disadvantaged youths lacked the political awareness necessary to change their situation peacefully.

模試

DAY 1
DAY 2
DAY 3
DAY 4
DAY 5
DAY 6
DAY 7
DAY 8
DAY 9
DAY 10

リスニングテスト

Part 1	Dialogues:	1 question each	Multiple-choice
Part 2	Passages:	2 questions each	Multiple-choice
Part 3	Real-Life:	1 question each	Multiple-choice

Part 1

◀ 24 >>> 26

No. 1

1 He will have little free time.
2 He will have to find a roommate.
3 He will need a part-time job.
4 He will live with Mary's cousin.

No. 2

1 Visit another dentist for a second opinion.
2 Get her wisdom teeth removed.
3 Speak to Dr. Joyce directly.
4 Get more x-rays taken.

No. 3

1 She saw the movie with Mary.
2 She is protective of her son.
3 She does not have time to see the movie.
4 She agrees with her husband.

Part 2

◀ 27

No. 4

1 It is better for the natural environment.
2 It is usually faster than driving.
3 They wanted to change to a healthier lifestyle.
4 They receive financial support from the city.

No. 5

1 It has repaired old cycle lanes.
2 It has created cycle lanes with no traffic signals.
3 It has removed the speed limit for bicycles.
4 It has adjusted the timing of its traffic signals.

Part 3

◀ 28

No. 6

Situation: A hotel staff member is explaining transportation options for getting to the airport. You want to make sure restrooms are available for your young children, and you want the cheapest option.

Question: How should you get to the airport?

1 Take a taxi.
2 Ride the train.
3 Use the subway.
4 Reserve the airport shuttle bus.

■ 正解一覧

筆記試験

1	(1)	(2)	(3)	(4)	(5)
	2	1	3	3	4

	(6)	(7)	(8)	(9)	(10)
	1	2	4	1	4

2	(11)	(12)	(13)	(14)
	2	2	4	1

リスニングテスト

1	No. 1	No. 2	No. 3
	1	2	2

2	No. 4	No. 5
	2	4

3	No. 6
	3

■ 訳と解説

筆記 1 短文の語句空所補充

(1) 正解 **2**

訳 将軍は戦争に勝利するための軍の戦略についてメディアに情報を開示することを拒否した。そうすることで敵に力を貸すことになるかもしれないと彼は心配したからだ。

1 骨折する　　**2** 開示する　　**3** 送り状を送る　　**4** 抵抗する

解説 第2文で doing so might help the enemy（そうすることで敵に力を貸すことになるかもしれない）とある。不利になるので将軍が拒否した行為となるように、2を選んで disclose information（情報を開示する）とすれば良い。

（2） 正解　1

　訳　A：トム、試合の後にスタンを車に乗せてあげなかったなんて、本当に思いやりが
　　　　ないわね。彼は家まで 3 キロも歩かないといけなかったのよ！
　　　B：ごめん。車に乗せて欲しいならそう頼むだろうと思っていたんだ。

　1　思いやりがない　　　2　基本的な　　　3　包括的な　　　4　豊富な

　解説　A の発言中の it は仮主語で not to offer Stan a ride（試合の後にスタン
　　　を車に乗せてあげなかった）を指すので、この行為を表現するのに適切な形
　　　容詞を選ぶ。He had to walk three kilometers（彼は 3 キロも歩かない
　　　といけなかった）という内容と合わせて考えれば、1 inconsiderate（思い
　　　やりがない）が適合する。

（3） 正解　3

　訳　その選手は彼が違法薬物を使用したという申し立てに対抗するために弁護士を
　　　雇った。彼に対してなされた告訴は誤りだと言った。

　1　傾向　　　　　　2　捕食者　　　　3　申し立て　　　　4　上昇

　解説　第 2 文は、選手が the charges made against him were false（彼に対
　　　してなされた告訴は誤りだ）と言ったという内容だ。彼が弁護士を雇った
　　　のは、he had used illegal drugs（彼が違法薬物を使用した）という 3
　　　allegation（申し立て）に異議を唱えるためだったと考えられる。

（4） 正解　3

　訳　スミス博士はひどい虫歯になっているので抜かなければいけないでしょうと患者
　　　に言った。彼女はもっと自分の歯を大事にするように警告した。

　1　空中に浮かんだ　　　2　自慢した　　　3　虫歯になった　　　4　共謀した

　解説　第 1 文は、badly の後に that が省略されているが so ... that 構文だ。空
　　　所に 3 を入れれば his tooth had decayed so badly（彼の歯はひどい虫
　　　歯になっている）となり、その後の she would have to pull it（抜かなけ
　　　ればいけないでしょう）と意味的にうまくつながる。

（5） 正解　4

訳　事故のためレースカーの運転手たちは完全に停止した。損傷した車がトラックから除去されるとレースは再開された。

1　脅威　　　　2　収縮　　　　3　千年　　　　4　停止

解説　because of the accident（事故のため）とあるので、4 を選んで運転手たちが a complete standstill（完全に停止）したとするのが良い。次の文の The race started again（レースは再開された）という内容ともうまく意味的につながる。

（6） 正解　1

訳　大統領候補は 80 パーセント以上の票を獲得して決定的な勝利を収めた。国民が彼の提案した政策変更を支持したことは明らかだった。

1　決定的な　　　2　不機嫌な　　　3　寄生的な　　　4　球状の

解説　大統領について receiving over 80 percent of the votes（80 パーセント以上の票を獲得して）と説明されているので、1 を選んで a decisive victory（決定的な勝利）とするのが良い。第 2 文の内容ともうまくつながる。

（7） 正解　2

訳　A：タラ、どうして心理学を専攻することにしたの？
B：1 年生のときに心理学の授業を受けて興味を持ったのよ。読んだ教科書はどれも面白くて、もっと勉強したいって思うようになったわ。

1　保護された　　　2　興味を持った　　　3　修正された　　　4　恐れられた

解説　心理学の授業の教科書について B が made me want to learn more（もっと勉強したいって思うようにさせた）と述べている。空所の後の it は psychology（心理学）を指すので、2 を入れて became intrigued（興味を持った）とする。

(8) 　正解　4

　訳　レナは海外で1年過ごしてから帰国すると著しく痩せていた。実際に、彼女の友人の多くは最初は彼女だと分からなかったと言った。

　1 手短に　　　2 疑わしげに　　　3 慎重に　　　4 著しく

　解説　レナが留学から戻ったときに、友だちの多くが they did not recognize her（彼女だと分からなかった）と言ったとある。レナは別人のように痩せていたと考えられるので、4 notably（著しく）が適合する。

(9) 　正解　1

　訳　モーリカの夫は運転が下手だが、彼女は面倒を起こしたくないので彼にそのように伝えることはない。何か言ったら彼が怒るだろうと彼女は分かっているのだ。

　1 ～を引き起こす　　　　　　　2 ～を頼る
　3 ～を締め出す　　　　　　　　4 ～を閉じ込める

　解説　第2文は、もし彼女＝モーリカが何か言ったら、彼＝夫は would get angry（怒るだろう）という内容だ。彼女が何も言わなかったのは trouble（面倒）を起こしたくなかったと考えられるので、cause（引き起こす）に意味的に近い1を選ぶ。

(10) 　正解　4

　訳　グレンが車をタイヤの修理に出したとき、彼は整備士にエンジンを調整するようにも頼んだ。その後車の走りがずっと良くなったことに彼は喜んだ。

　1 ～を訪問する　　　　　　　　2 電話を切る
　3 ～を見せびらかす　　　　　　4 ～を調整する

　解説　第2文でグレンについて He was pleased by how much better the car ran（車の走りがずっと良くなったことに彼は喜んだ）と書かれている。彼がタイヤの修理のついでに頼んだのはエンジンのメンテナンスだと考えられるので、4 tune up（～を調整する）が適合する。

ズートスーツの暴動

　1930年代後半から1940年代初頭にかけてアメリカでのある服装の流行が暴力と暴動につながるほどの論争を引き起こした。ズートスーツは、キーホルダー用の長い鎖と中折れ帽とセットになったダブダブでカラフルなスーツのことで、当初若いアフリカ系アメリカ人が着ていたが、その後パチューコとして知られる第二世代のメキシコ系アメリカ人によって取り入れられた。メキシコの作家オクタビオ・パスによると、パチューコは自分たちを拒絶していると感じていたアメリカの主流派から距離を置きたいという願望からズートスーツを着るようになった。ズートスーツは彼らに明確なアイデンティティを与えただけでなく、彼らの反抗的な姿勢を表した。彼らの両親のように同化しようとするのではなく、パチューコは自分たちの服を選ぶことと行動の仕方の両方で目立とうとした。パチューコの権威への反抗が時として一線を越えて軽犯罪と麻薬の使用に及んだため、ズートスーツは犯罪行為を連想させるようになった。次に、このことによって身に着けている人の反体制的な立場が強調されるようになり、ズートスーツの人気はますます高まって、労働者階級の白人男性や10代の女性でさえも身に着け始めるまでになった。

　米国が第二次世界大戦に参加したことによって織物不足が生じると、政府は服の仕立てに規制をかけたため、実質的にズートスーツの製造は違法になった。しかし、需要は堅調なままで、闇の仕立屋が生産を続けた。一般大衆と当局の目から見て、ズートスーツは道徳的にも社会的にも問題があるだけでなく、愛国心がないとみられるようにもなった。ズートスーツを身に着けていることは、戦争でのアメリカの勝利に貢献することを意図した法律に従うことへの拒否を意味するようになった。1943年にロサンゼルスで問題は頂点に達し、軍服を着た軍人とズートスーツを着たパチューコの集団との間の緊張が急激に高まり暴力行為に発展した。数週間に渡る暴動は他の都市にも拡大し、ズートスーツの着用者は軍人によって日常的に追い詰められては攻撃を受けた。軍人たちは強引に目障りなスーツを剥ぎ取り、しばしば着用者を殴打した。

　当然のことながらパチューコ側も反撃したが、報道で強調されたのはパチューコ側の暴力の方だった。新聞は、兵士たちが殴ったり服を剥ぎ取ったりしたことをパチューコの反抗的な行動に対する適正な罰として記述し、軍人の逮捕は報道しなかった。また、記者はズートスーツを着ている人たちに一部の女性と白人男性が含まれているという事実をほぼ無視し、ズートスーツの着用者は兵役を避けようとしているメキシコ系アメリカ人か、あるいはアフリカ系アメリカ人の男性なのだということを示唆した。

　暴動の背後にある状況を調査することがほとんど試みられず、少数派の若者の低い経済的地位と彼らがたくさんの人たちから二流市民として見られているという事実の両方が、原因として見過ごされていた。暴動の社会的、経済的、人種的な要素は現在広く受け入れられているが、当時それらを認めようとするアメリカ人はほとんどいなかった。ズートスーツは政治的声明であるだけでなくファッションでもあったかもしれないが、ズートスーツの暴動が社会的に恵まれない若者世代全体の態度に与えた多大な影響を否定することはできない。この衝突によって引き起こされた政治意識と不満が1960年代の公民権運動における少数派の行動主義の出現に力を与

え、その結果、平等とすべての人の機会の拡大につながった。

(11) 正解 **2**

訳 オクタビオ・パスによると、パチューコがズートスーツを着るようになったのは、

1 違法行為を犯しているという評判にもかかわらず、主流派の人たちが彼らの受け入れを援助したから。
2 アメリカ文化の従来の規範を受け入れる気がないことを示すものだったから。
3 主流派に反抗していた労働者階級の白人と自分たちを同一視することを可能にしたから。
4 アメリカの社会で受け入れられるのを支援しなかったことで両親に対して抱いていた否定的な感情を表明したから。

解説 第1パラグラフ第3文にパチューコがズートスーツを着るようになったのは a desire to distance themselves from mainstream America (アメリカの主流派から距離を置きたいという願望) があったためだと書かれている。言い換えとして 2 を選ぶ。

(12) 正解 **2**

訳 アメリカが第二次世界大戦に入った後のズートスーツに当てはまるのは何か。

1 政府は、ズートスーツを製造した会社に対して軍人が武力を行使するよう奨励した。
2 ズートスーツは、それを身に着けている個人が戦時協力を支持していないことを示しているとみなされるようになった。
3 ズートスーツを着用し続けた人々は、メキシコ系アメリカ人は軍役に就くのを拒むべきであるという彼らの信念を主に表現するためにそうした。
4 生地が足りなくなったためズートスーツのデザインが変更され、軍人などの人たちにさらに不快感を与えた。

解説 第二次世界大戦中の状況については第2パラグラフで説明されている。第3文によれば、ズートスーツが unpatriotic (愛国心がない) とみなされるようになり、それを着ることは laws that were meant to help the United States win the war (戦争でのアメリカの勝利に貢献することを意図した法律) に従わないことを表したとあるので、2 が正解である。

（13） 正解　4

訳　ズートスーツの暴動についてのメディア報道の偏りの一例として、新聞は

1　パチューコがそれまで以上に彼らの活動を理由にさらに厳しく処罰されるに値
　すると主張した。
2　パチューコとの抗争に参加していた軍人を逮捕しないように当局を説得しようと
　した。
3　彼らのファッションが伝統的に下層階級のメンバーによって身に着けられてい
　た衣服に基づいていたのでズートスーツの着用者を批判した。
4　ズートスーツを着ていた全ての人がアフリカ系アメリカ人かメキシコ系アメリカ
　人だったわけではないという事実を無視した。

解説　第3パラグラフ第3文によると、記者たちはズートスーツ着用者に women
and white men（女性と白人男性）が含まれることを無視して、着用者は
兵役を拒否しようとしている Mexican-American or African-American
（メキシコ系アメリカ人かアフリカ系アメリカ人）であるかのように報じたと
あるので、4 が正解である。

（14） 正解　1

訳　次のうちどれが暴動時のアメリカ国民の反応を最もよく表しているか。

1　ほとんどの人が少数派の若者の恵まれない経歴や社会における不平等な地位
　と暴動とを結び付けられなかった。
2　暴動の両陣営にいる人たちがズートスーツに実際には存在しない政治的意義を
　与えることを選んだ。
3　暴動は米国の少数派グループの扱いに対する怒りから生じたと一般的にみな
　されていた。
4　恵まれない若者が平和的に状況を変えるために必要な政治的認識を欠いてい
　るために暴動が起こっていると考えられていた。

解説　第4パラグラフ第1文に、少数派の若者の the low economic status（低
い経済的地位）と彼らが second-class citizens（二流市民）とみなされて
いたという事実が were overlooked as causes（暴動の原因として見過ご
されていた）とある。同じ内容の 1 が正解。

No. 1

◀ 24

ミニ模試 [解答・解説]

スクリプト

W: I heard you got into UCLA law school. Congratulations!
M: Thanks, Mary. I'm thrilled. But now the hard work begins.
W: Don't worry. You'll do fine. So when are you moving to LA?
M: In two months. I've been searching online for an apartment.
W: You know, my cousin lives in Hollywood, and I think he's looking for a roommate.
M: Thanks, but I want to live close to campus.
W: Because you'll be in the library day and night, right?
M: Actually, that's what I'm expecting.
Question: What does the man imply?

訳　女性：UCLA のロースクールに受かったんだってね。おめでとう。
　　男性：ありがとう、メアリー。嬉しいよ。でも、これからが大変だね。
　　女性：心配ないわよ。あなたなら大丈夫。それで、ロスにはいつ引っ越すの？
　　男性：2ヶ月後だね。ネットでアパートを探してるんだけどね。
　　女性：実は、私の従兄弟がハリウッドに住んでて、ルームメイトを探してるのよ。
　　男性：ありがとう、でもキャンパスの近くに住みたいんだよね。
　　女性：四六時中図書館にいることになるからでしょ？
　　男性：実際、そうなると思うんだ。
　　質問：男性は何を示唆しているか。

正解　1

選択肢の訳　1　自由時間がほとんどなくなるだろう。
　　2　ルームメイトを見つけなければいけないだろう。
　　3　アルバイトが必要になるだろう。
　　4　メアリーの従兄弟と暮らすだろう。

解説　ロースクールに入学する男性は大学の近くに住むことを望んでいる。女性が Because you'll be in the library day and night, right?（四六時中図書館にいることになるからでしょ？）と言うと、男性が that's what I'm expecting（そうなると思うんだ）と答えているので、一日中勉強するつもりでいることがわかる。

スクリプト

W: This is Dr. Joyce's assistant. I'm calling about the results of your daughter's dental checkup.

M: Thank you. After her appointment, she came home concerned about her wisdom teeth.

W: Yes. Dr. Joyce recommends having them taken out. Her x-rays show they're just under the surface.

M: But she's only 15. Can't we wait until they push through?

W: Delaying might cause problems for her other teeth. I understand your concern, but it's a straightforward procedure.

M: I see. Well, since Dr. Joyce thinks it's a good idea, let's schedule it.

Question: What will the man have his daughter do?

訳　女性：もしもし、ジョイス医師の助手をしている者です。娘さんの歯科検診の結果のことでお電話いたしました。

男性：ありがとうございます。検診の後、帰宅したとき娘は親知らずのことを心配していたのですが。

女性：ええ。ジョイス医師は抜歯をお勧めしています。レントゲン写真でちょうど歯茎に埋まっているのが分かります。

男性：でも、娘はまだ 15 歳です。生えてくるまで待てないんでしょうか？

女性：今抜かないと他の歯に問題が生じる可能性があります。ご心配でしょうが、簡単な治療ですよ。

男性：なるほど。まあ、ジョイス先生が良い考えだと言うのですから、予定を決めましょう。

質問：男性は娘に何をさせるか。

正解　2

選択肢の訳　1 他の歯科医の診察を受けてセカンドオピニオンを得る。

2 親知らずを除去してもらう。

3 ジョイス医師と直接話す。

4 さらに X 線写真を撮る。

解説　男性の娘の wisdom teeth（親知らず）の処置について、女性は歯科医が having them taken out（抜歯すること）を勧めていると伝えている。彼女が Delaying might cause problems（遅れると問題が生じる可能性がある）と述べると、男性はこの発言を受けて let's schedule it（予定を決めましょう）と言っているので、2 が内容的に一致する。

No. 3

スクリプト

M: I was thinking of taking Jeff to see *Monster Vision* this evening.

W: I'm not sure that's an appropriate movie for a kid his age, Jack.

M: Really? I heard it was pretty innocent. You know, kind of scary but also funny.

W: Well, my friend Mary saw it last weekend. She said it was extremely violent.

M: Our son isn't a baby anymore, honey. I think he can handle it.

W: I don't want to be the mean parent here, but I'd prefer it if he didn't see those types of films yet.

M: OK, I'll find something more suitable.

Question: What do we learn about the woman?

訳　　**男性**：今晩「モンスター・ビジョン」を見にジェフを連れて行こうと思ってたんだけど。

　　　女性：ジャック、あの歳の子供にふさわしい映画かどうか分からないわね。

　　　男性：本当？　かなり無邪気な映画だって聞いたけど。ちょっと怖いけど面白いっていう感じかな。

　　　女性：うーん、私の友だちのメアリーは先週末に見たのよ。ものすごく暴力的だったと言ってたわ。

　　　男性：ねえ、あの子はもう赤ちゃんじゃないだよ。何とかなるでしょう。

　　　女性：意地悪な親になりたいとは思わないけど、できればあの子にまだそんな映画を見て欲しくないわ。

　　　男性：分かったよ、もっとふさわしいのを見つけるよ。

　　　質問：女性について何が分かるか。

正解　**2**

選択肢の訳　1　メアリーと一緒に映画を見た。

　　　　　2　息子を守ろうとしている。

　　　　　3　その映画を見る時間がない。

　　　　　4　夫に同意している。

解説　夫婦のやり取りで、父親が息子と一緒にある映画を見に行こうとしているが、母親が反対している。彼女は友だちの it was extremely violent（ものすごく暴力的だった）という感想を気にしていて、those types of films（そんな映画）を息子に見て欲しくないと強く主張している。映画の悪影響を心配しているので、2 が正解。

No. 4 ～ No. 5　　　　　　　　　　　　　　　　　　◀27

スクリプト

Cycling in Copenhagen

In 2016, the number of cyclist commuters in the city center of Copenhagen, Denmark, surpassed the number of cars. Surprisingly, however, a survey revealed that only about 1 percent of cyclists said protecting the natural environment was their main reason for cycling rather than driving. About 19 percent said improving their health was their main motivation. The most common reason given was rather unexpected: 54 percent said cycling was usually the quickest way to get from one place to another.

Cyclists in Copenhagen enjoy wide cycle lanes, and the city has designed special systems to speed up their commutes. For example, traffic signals in the city were originally designed with cars in mind and were timed to reduce the number of stops cars had to make at them. Recently, however, many traffic signals have been reprogrammed to do the same thing for cyclists.

Questions

No. 4 What was the main reason given by people for cycling to work?
No. 5 What is one thing Copenhagen has done to help cyclists?

訳　　　　　　　　　コペンハーゲンでのサイクリング

　2016年に、デンマークのコペンハーゲン市内中心部の自転車通勤者の数が自動車の数を超えた。しかし、驚くべきことに、自然環境の保護が車の運転ではなくサイクリングをする主な理由であると述べた自転車利用者はわずか1％に過ぎないことがある調査でわかった。約19％が健康を改善させることが主な動機だったと述べた。最も一般的な理由は、やや予想外なものだった。54％の人たちが、ある場所から別の場所へ移動するのにサイクリングが最も早い方法だと答えたのだ。

　コペンハーゲンの自転車利用者は広い車線を走ることができ、市は通勤をスピードアップするために特別なシステムを設計した。たとえば、市内の信号機はもともと車を念頭に置いて設計されていて、車がそこで停車する数を減らすようにタイミングが決められていた。しかし最近では、多くの信号機が自転車利用者のために同じことをするようにプログラムし直されている。

No. 4

正解　2

質問の訳　通勤に自転車を利用する人が挙げた主な理由は何か。

選択肢の訳　1　自然環境に良い。
2　たいていは車を運転するより速い。
3　より健康的なライフスタイルに変えたかった。
4　市から財政的支援を受けている。

解説　自転車に乗る一番大きな理由として cycling was usually the quickest way to get from one place to another（ある場所から別の場所へ移動するのにサイクリングが最も早い方法だ）と述べられているので、2 が内容的に一致する。

No. 5

正解　4

質問の訳　コペンハーゲンが自転車利用者を助けるためにしたことは何か。

選択肢の訳　1　古い自転車専用車線を修理した。
2　信号機のない自転車専用車線を作った。
3　自転車の制限速度が撤廃された。
4　信号機のタイミングを調整した。

解説　もともと信号機は自動車が停車する回数が減るようにタイミングが設定されていたが、最近になって many traffic signals have been reprogrammed to do the same thing for cyclists（多くの信号機が自転車利用者のために同じことをするようにプログラムし直されている）と述べられている。この内容を言い換えた 4 が正解。

No. 6

◀28

スクリプト

You have 10 seconds to read the situation and Question No. 6.

Getting to the airport typically takes about 90 minutes by road or rail if all goes smoothly. The airport shuttle bus is reasonably priced, but it doesn't have a toilet and you can't get off once your ride has begun. Taxis are pricey, but cabdrivers always know where the nearest public restrooms are. The subway and train are the least expensive options. You can get off at any station on both lines, and all have restrooms. The regular train is usually faster than the subway, but since track maintenance is scheduled today, you can expect long delays, so I wouldn't recommend that way.

Now answer the question.

訳　10秒で現在の状況と質問 No. 6 を読んでください。

空港まで行くのに、問題がなければ車や電車でおよそ90分かかります。空港シャトルバスは手ごろな値段ですが、トイレがありませんし、一度乗車したら降りることができません。タクシーは高額ですが、運転手は常に最寄りの公衆トイレがどこにあるか把握しています。地下鉄と電車が最も安い選択肢です。両方の路線のどの駅で降りても、トイレがあります。電車の方が通常は地下鉄より速いのですが、線路の整備が本日予定されていて大幅な遅れが予想されますので、お勧めいたしません。

それでは解答してください。

正解	3

DAY 1

状況の訳 ホテルのスタッフが空港へ行くための交通手段を説明している。あなたは必ず子どもが使えるトイレがあって、最も安い選択肢にしたいと思っている。

質問の訳 空港へはどうやって行くべきか。

選択肢の訳 1 タクシーに乗る。

2 電車に乗る。

3 地下鉄を利用する。

4 空港シャトルバスを予約する。

解説 トイレが使えるという条件を考えると、シャトルバスが最初に除外される。値段を考えるとさらにタクシーも除外され、電車について今日は track maintenance（線路の整備）があるため you can expect long delays（大幅な遅れが予想される）と述べられているので、残った subway（地下鉄）を選択する。

DAY 2

DAY 3

DAY 4

DAY 5

DAY 6

DAY 7

DAY 8

DAY 9

DAY 10

DAY 3
ミニ模試

英作文

- Write an essay on the given TOPIC.
- Use TWO of the POINTS below to support your answer.
- Structure: introduction, main body, and conclusion
- Suggested length: 120-150 words

TOPIC
Is it acceptable to keep animals in zoos?

POINTS
- *Animal rights*
- *Educational value*
- *Endangered species*
- *Living conditions*

まずは自分なりの答案を作成し、信頼できる英語の先生に添削をしてもらいましょう。英作文の上達には添削指導を受けることが有益ですが、それだけで力がつくわけではありません。普段の自学自習の質と量がものをいいます。次のコーナー「英作文上達トレーニング」への取り組みを通して、自分の答案作成力を検証してみてください。

MEMO

DAY 1

DAY 2

DAY 3

DAY 4

DAY 5

DAY 6

DAY 7

DAY 8

DAY 9

DAY 10

■ トレーニング1

　英文ライティング上達の第一歩は、模範となる英文を何度も読み込むことです。以下は英検協会が公開している解答例です。そして、このような英文を書くために必要となるのが、右ページのような「メモ」を書き、それを元に下書きとしての「アウトライン」を作成することです。「メモ」と「アウトライン」から英文を完成させる流れを意識しながら読み込みましょう。

　　Because zoos play an important role in protecting endangered species and have great educational value, the practice of keeping animals in zoos is justified.

　　First, habitat loss and hunting have caused many animals to become extinct in nature. Often, the only surviving members of their species are in zoos. If we want to keep these species safe and have a hope of someday reintroducing them to the wild, zoos are essential.

　　Furthermore, zoos serve an important educational role. By providing opportunities for people to see the beauty and fascinating behavior of animals up close, zoos contribute greatly to conservation efforts. People are much more likely to support animal protection laws or donate money if they have seen the animals that need protecting.

　　If we wish to preserve endangered species and provide educational opportunities that benefit conservation efforts, then keeping animals in zoos is essential.

（144 語）

メモ

1 動物の権利

動物が権利の主体になるということか？ だったら動物が裁判所に訴え出ることもできるようにならないか？

（法律の議論が必要＝複雑になるから却下）

2 教育的価値

体験学習、実際の動物をみることの大切さ

3 絶滅危惧種の保護

研究的な意義、具体例：パンダなど

4 飼育環境

オリに閉じ込められることの是非？

（オリだけじゃないはず。動物園での飼育状況を詳しく知らないので却下）

結論は agree で、2 と 3 を Body とする

アウトライン

Introduction

The practice of keeping animals in zoos is justified.

reasons: 1 protecting endangered species 2 great educational value

Body

Reason 1

habitat loss and hunting → many animals are in danger of extinction

the only surviving members of their species are in zoos

→ the possibility of reintroducing them to the wild in the future

Reason 2

zoos serve an important educational role

the trigger for animal conservation efforts

→ by providing opportunities for people to see animals directly

Conclusion

paraphrase of Introduction

前コーナーでは、「メモ」から英文を完成させる流れを意識しながら解答例の英文を読み込みました。このコーナーでは、日本語訳を手掛かりとして英文を再現する練習をします。英文の構成や文法・語法などに注意を払いながら、また、POINT を参考に、すらすらと書けるようになるまで自分のものとしてください。

第 1 パラグラフ

1 動物園は絶滅危惧種の保護に重要な役割を果たしており、大きな教育的価値があるため、動物を動物園で飼うことは正当化される。

第 2 パラグラフ

1 第1に、生息地の喪失と狩猟によって多くの動物が自然の中で絶滅した。

2 多くの場合、種の中でわずかに生き残った個体は動物園にいる。

3 私たちがこれらの種の安全を確保し、いつの日か彼らを野生に返したいのなら、動物園は不可欠な存在だ。

1 Because zoos play an important role in protecting endangered species and have great educational value, the practice of keeping animals in zoos is justified.

POINT
Introduction で結論を提示し、理由もつける。理由はこの後で説明するので書きすぎないように注意する。あくまでも簡潔に、決め台詞のように書くとよい。

1 First, habitat loss and hunting have caused many animals to become extinct in nature.

POINT
１つ目の理由。理由ごとにパラグラフを分ける。このパラグラフでは、最初に「現状の問題点」を述べ、その「解決策」として動物園が有効だ、という構成。ここでは「多くの動物が絶滅している」ことが「現状の問題点」にあたる。

2 Often, the only surviving members of their species are in zoos.

POINT
動物園には「絶滅危惧種の保存」という役割があり、それが「解決策」になりうると述べる。

3 If we want to keep these species safe and have a hope of someday reintroducing them to the wild, zoos are essential.

POINT
前文で述べた動物園の役割について、詳しく説明する。

103

1 さらに、動物園は重要な教育的役割を果たしている。

2 人々が動物の美しさと魅力的な行動を間近で見る機会を提供することによって、動物園は保護活動に大いに貢献している。

3 保護が必要な動物を見たことがあれば、人々が動物保護法を支持したりお金を寄付したりする可能性がはるかに高まる。

1 私たちが絶滅危惧種を保護し、保護活動に役立つ教育の機会を提供したいのであれば、動物を動物園で飼うことが不可欠だ。

1 Furthermore, zoos serve an important educational role.

2つ目の理由の Topic Sentence。このパラグラフは「まとめ Topic Sentence」→「説明 Supporting Sentence」という構成。簡潔に書くという点において、Topic Sentence は単文（SV が1つだけの文）で書くのが基本と考えてよい。

2 By providing opportunities for people to see the beauty and fascinating behavior of animals up close, zoos contribute greatly to conservation efforts.

POINT
2つ目の理由の Supporting Sentence。動物園の役割を教育的効果という観点から具体的に述べる。

3 People are much more likely to support animal protection laws or donate money if they have seen the animals that need protecting.

POINT
Supporting Sentence の続き。ここでは動物の保護運動への啓発を取り上げ、1つ目の理由と関連させつつ動物園の教育的効果を述べる。

1 If we wish to preserve endangered species and provide educational opportunities that benefit conservation efforts, then keeping animals in zoos is essential.

POINT
Conclusion。結論をパラフレーズして文章を終える。

- 与えられたトピックでエッセイを書きなさい。
- 解答の根拠を示すために以下のポイントのうち2つを使いなさい。
- 構成：導入、本論、まとめ
- 目安となる長さ：120 〜 150 語

トピック
動物を動物園で飼うことは許されるか。

ポイント
- 動物の権利
- 教育的価値
- 絶滅危惧種
- 生活環境

　　動物園は絶滅危惧種の保護に重要な役割を果たしており、大きな教育的価値があるため、動物を動物園で飼うことは正当化される。

　　第1に、生息地の喪失と狩猟によって多くの動物が自然の中で絶滅した。多くの場合、種の中でわずかに生き残った個体は動物園にいる。私たちがこれらの種の安全を確保し、いつの日か彼らを野生に返したいのなら、動物園は不可欠な存在だ。

　　さらに、動物園は重要な教育的役割を果たしている。人々が動物の美しさと魅力的な行動を間近で見る機会を提供することによって、動物園は保護活動に大いに貢献している。保護が必要な動物を見たことがあれば、人々が動物保護法を支持したりお金を寄付したりする可能性がはるかに高まる。

　　私たちが絶滅危惧種を保護し、保護活動に役立つ教育の機会を提供したいのであれば、動物を動物園で飼うことが不可欠だ。

DAY 4
ミニ模試

筆記試験・リスニングテスト

［目標解答時間：20 分＋リスニング］

1 *To complete each item, choose the best word or phrase from among the four choices.*

（1）Hugo doesn't have enough time to read the full texts of classic books, so he buys (　　　　) versions of them to read while commuting to work.

    1 abridged   **2** supreme   **3** notorious   **4** hysterical

（2）In the 1800s, European (　　　) went to Africa to convert people to Christianity. Upon returning home, many of them wrote accounts of their experiences.

    1 janitors   **2** stewards   **3** tailors   **4** missionaries

（3）The house fire quickly spread to nearby buildings and was still burning hours after firefighters arrived. Viewers watching the scene (　　　) on television could not believe the damage.

    1 eject   **2** twist   **3** unfold   **4** confer

（4）Yesterday, many flights to Paris were canceled because of (　　　) weather conditions. Now that the weather has improved, flight schedules have returned to normal.

    1 victorious   **2** needy   **3** conventional   **4** adverse

（5）Jack was awakened in the night by a loud (　　　) coming from his daughter's bedroom. It turned out she had had a bad dream.

    1 deed   **2** phase   **3** vein   **4** shriek

(6) Raphael avoids reading film reviews because they often (   )
the movie's ending. He thinks there is no point in watching a movie
if you already know what happens.

1 grow on   **2** hold off   **3** give away   **4** fall for

(7) A: Do you think the owner will accept our offer to buy the house?
B: I don't know. I guess it (   ) whether he receives a better
offer from someone else.

1 gets away with   **2** comes down to
3 keeps up on   **4** stands up to

2

Read each passage and choose the best word or phrase from among the four choices for each blank.

Summer Jobs

It has long been a tradition for American high school students to spend their summer vacation working. As well as being a chance to earn money, the summer job has generally been regarded as an important step in the growing up process because it teaches responsibility and interpersonal skills. (8), changes in both young people's attitudes and the labor market have strongly impacted the number of teens employed during the summer. Today, approximately one-third of teens have summer jobs – a figure that is roughly half what it was just four decades ago.

Parents once encouraged their children to take summer jobs to gain basic skills that would serve them later in the working world. However, many students today (9). The Bureau of Labor Statistics found that in the last 20 years, the number of 16-to-19-year-olds enrolled in summer school has tripled. As college degrees have become essential for career success and tuition fees continue to rise, many students have realized that taking advanced classes during the summer to win scholarships can be more beneficial than working at a minimum-wage job.

Another factor behind the decreasing popularity of summer jobs may be (10). Recently, many teenagers have been choosing to do unpaid internships during the summer. As older adults are remaining in the workforce longer than ever, many young graduates have been losing out to these more experienced applicants even for entry-level positions. Consequently, the chance to acquire career-specific skills has become more appealing. With the US economy strengthening, however, the traditional summer job could begin to make a comeback.

(8) 1 In other words
2 Despite this
3 For example
4 Otherwise

(9) 1 are making more money at summer jobs
2 have started working at a younger age
3 are more concerned about education
4 make a serious error

(10) 1 worsening academic performance
2 growth in the economy
3 a decrease in employment opportunities
4 shifts in moral values

DAY 1 DAY 2 DAY 3 DAY 4 DAY 5 DAY 6 DAY 7 DAY 8 DAY 9 DAY 10

3 *Read each passage and choose the best answer from among the four choices for each question.*

New York City vs. the Car

Over the years, concerns about heavy traffic and the effect of cars on air quality have led New York City officials to make various attempts to reduce traffic on the island of Manhattan. The first was a 1971 proposal by then mayor John Lindsay to ban automobiles from entering a crowded area of Manhattan's business district during the daytime. The plan, promoted as a solution to the air pollution problem, was widely applauded by citizens. Unfortunately, a recession made local businesses worry the no-car zone would keep away potential customers, so the proposal was defeated.

In 1973, Lindsay again attempted to reduce traffic through a strategy in which drivers had to pay tolls for using any of the bridges connecting to Manhattan's business district. The federal government was also involved, as Lindsay's plan was approved as part of national legislation to improve air quality. After Lindsay's term ended, however, the next mayor opposed the plan and began battling the federal government over the issue. Eventually, instead of putting the original plan into place, the city was allowed to meet the national air-quality law's requirements by expanding environmentally friendly public transportation services. As a result, some bridges into Manhattan remained toll-free.

A proposal called Move NY, submitted in 2016, recommends a "congestion pricing" plan that would charge drivers to use currently free Manhattan bridges while lowering tolls on bridges in less busy areas outside Manhattan's business district. Though this would increase costs for people driving to the business district, the money would be invested in public transportation, making subways and buses a more attractive option and potentially reducing road congestion. Because there would be tolls on all of Manhattan's bridges, it would also discourage people from driving far out of their way to use currently free bridges to the business district – a common practice that adds to the traffic problem. If passed, Move NY could be the traffic solution the city has been seeking.

(11) Why was the 1971 plan to ban cars from entering Manhattan's business district never put into effect?

1 Although officials claimed it would reduce air pollution, it had little effect when tested in other neighborhoods.

2 It only covered a limited area, so critics pointed out it would fail to reduce traffic in Manhattan as a whole.

3 Although it was generally popular, there were concerns it would have a negative economic effect on the area.

4 The mayor stopped promoting it because citizens complained it would force them to shop at inconvenient times.

(12) How did the national air-quality law affect New York City's traffic policies?

1 It made it possible for the city to replace the bridge toll plan with another method of reducing air pollution.

2 It resulted in the reelection of the mayor who had supported the law when it was first passed.

3 It made it cheaper for commuters to take public transportation than to drive over a bridge into Manhattan.

4 It caused legal battles that finally forced the city to remove existing tolls on bridges into Manhattan.

(13) What is one advantage of the Move NY plan?

1 Changing the tolls on bridges so they are based on the total distance driven would discourage people from driving.

2 Having tolls on all of Manhattan's bridges would help to prevent people from taking indirect routes.

3 Replacing some roads with public transportation services would enable the city to make a larger income.

4 Making Manhattan's less crowded bridges free would reduce traffic in the business district.

There are three parts to this listening test.

Part 1	Dialogues:	1 question each	Multiple-choice
Part 2	Passages:	2 questions each	Multiple-choice
Part 3	Real-Life:	1 question each	Multiple-choice

Part 1

◀ 29 >>> 31

No. 1
1 The garden will be worth the effort.
2 They should have hired someone.
3 The flower garden will be hard to design.
4 They still have a lot more digging to do.

No. 2
1 There was not enough walking.
2 The guide was not knowledgeable.
3 It was good value for the money.
4 It was similar to the last tour he joined.

No. 3
1 Show the woman how to make a transfer.
2 Direct the woman to another branch.
3 Take the woman to an available clerk.
4 Keep the woman's place in the line.

Part 2

◀ 32

No. 4

1 Their gods did not have hearts.

2 The heart was where the soul was found.

3 Paradise was shaped like a heart.

4 The heart was an organ of little value.

No. 5

1 It was created in the twelfth century.

2 It used to be a symbol of good luck.

3 Its use was banned in the Middle East.

4 Its meaning has changed over time.

Part 3

◀ 33

No. 6

Situation: You live on a farm and grow all the vegetables you need. You hear the following radio advertisement for a new supermarket that will open in a few weeks.

Question: What should you do to save the most money?

1 Download the GreenWay smartphone app.

2 Apply for a ValuePlus credit card.

3 Pay cash for your groceries.

4 Spend more than $100.

第三回模試

DAY 1 DAY 2 DAY 3 DAY 4 DAY 5 DAY 6 DAY 7 DAY 8 DAY 9 DAY 10

■ 正解一覧

筆記試験

	(1)	(2)	(3)	(4)	(5)
1	1	4	3	4	4

	(6)	(7)
	3	2

	(8)	(9)	(10)
2	2	3	3

	(11)	(12)	(13)
3	3	1	2

リスニングテスト

	No. 1	No. 2	No. 3
1	1	3	1

	No. 4	No. 5
2	2	4

	No. 6
3	2

■ 訳と解説

筆記 1 短文の語句空所補充

（1） 正解 1

訳 ヒューゴは名著の全文を読む十分な時間がないので、それらの簡約版を買って通勤中に読んでいる。

　1 簡約された　　　2 最高の　　　　3 悪名高い　　　4 ヒステリー性の

解説 ヒューゴは enough time to read the full texts（全文を読む十分な時間）がないと書かれていて、その後に so（だから、それで）が続いているので、abridged version（簡約版）を買って読むとすれば文意が通る。

116

（2）　正解　4

訳　1800 年代、ヨーロッパの宣教師は人々をキリスト教に改宗させるためにアフリカに行った。帰国すると、彼らの多くは自分が経験したことの報告を書いた。

1 管理人　　　　　2 執事　　　　　3 仕立て屋　　　　4 宣教師

解説　ヨーロッパの人たちがアフリカに行った目的は to convert people to Christianity（人々をキリスト教に改宗させるため）だ。そのような役割を担っている人たちが誰なのかを考えれば 4 missionaries（宣教師）が選べる。

（3）　正解　3

訳　住宅火災はすぐ近くの建物に広がり、消防士が到着してから何時間も燃え続けていた。テレビで状況が展開するのを見ていた視聴者は、その損害が信じられなかった。

1 追い出す　　　　2 ねじる　　　　3 展開する　　　　4 授与する

解説　現在分詞 watching から television までが Viewers（視聴者）を修飾していて、知覚動詞 watch は watch + O + V 原形（O が V するのを見る）という形をとる。空所の直前の the scene（状況）は第 1 文の内容を指すので、3 unfold（展開する）が適合する。

（4）　正解　4

訳　昨日、パリ行きの多くの便が悪天候のために欠航になった。今では天気が良くなったので、航空便のスケジュールは通常に戻った。

1 勝利した　　　　2 貧しい　　　　3 従来の　　　　4 不利な

解説　many flights to Paris were canceled（パリ行きの多くの便が欠航になった）とあるので、weather conditions（天候）が悪かったのだろうと考えられる。否定的な意味の 4 adverse（不利な）が正解。第 2 文の内容からも裏付けがとれる。

（5）　**正解**　4

訳　ジャックは娘の寝室から聞こえる大きな金切り声で夜中に目が覚めた。彼女が悪夢を見ていたことが分かった。

1　行為　　　　　　　2　段階　　　　　　　3　静脈　　　　　　4　金切り声

解説　ジャックが目を覚ました理由を考える。第2文で彼の娘が a bad dream（悪夢）を見ていたとあるので、彼女の部屋から a loud shriek（大きな金切り声）が聞こえたのだと考えられる。現在分詞 coming から bedroom までが a loud shriek に係る修飾語句。

（6）　**正解**　3

訳　ラファエルは、結末を暴露していることが多いので映画のレビューを読まないようにしている。何が起こるのかがすでに分かっていたら映画を観る意味がないと彼は考えている。

1　〜を気にいる　　　　　　　　　　　2　〜を寄せ付けない
3　〜を暴露する　　　　　　　　　　　4　〜に引っかかる

解説　第2文で what happens（何が起こるのか）が分かっていたら映画を観る意味がないとあるので、ラファエルが映画のレビューを読まない理由はレビューから the movie's ending（映画の結末）が推測できてしまうからだろう。3 give away（〜を暴露する）が適合する。

（7）　**正解**　2

訳　A：所有者は家を購入するという私たちの申し出を受け入れると思いますか？
B：分かりません。結局のところ、彼が他の人から良い申し出を受けるかどうかだと思います。

1　〜を持ち逃げする　　　　　　　　　2　結局〜次第だ
3　〜の最新の動向を把握しておく　　　4　〜に立ち向かう

解説　所有者が A と B の申し出を受け入れるかどうかということと、彼＝所有者が a better offer from someone else（他の人からのより良い申し出）を受けるかどうかということの関係を考えると、depend on（〜によって決まる）とほぼ同義の 2 comes down to（結局〜次第だ）が選べる。

筆記2　長文の語句空所補充

夏休みの仕事

　アメリカの高校生が夏休みの間に働くことが伝統となって久しい。お金を稼ぐ機会であるだけでなく、夏の仕事は責任と対人関係のスキルを教えるので成長過程における重要なステップであると一般的に考えられてきた。それにもかかわらず、若者の態度と労働市場の変化は夏の間に雇用される10代の若者の数に大きな影響を与えている。今日、10代の若者のおよそ3分の1が夏の間仕事しているが、これはわずか40年前の約半分の数字だ。

　かつて親たちは、後に実社会で役立つような基本的なスキルを習得するために子どもが夏の間仕事に就くことを奨励した。しかし、今日の多くの学生は教育のことをもっと心配している。労働統計局は、過去20年間で夏期講習に登録した16歳から19歳までの生徒の数が3倍になったことを明らかにした。大学の学位がキャリアの成功のために不可欠になり授業料が上昇し続けているので、奨学金を獲得するために夏の間に上級のクラスを受講した方が最低賃金の仕事で働くよりも有益な場合があると多くの学生が気付いているのだ。

　夏休みの仕事の人気が低下している背後にあるもう一つの要因は、雇用機会の減少かもしれない。最近、多くの10代の若者が夏の間に無給のインターンシップをすることを選んでいる。年配の大人がこれまで以上に、労働力にとどまっているので、多くの若い大学の卒業生は初歩的な仕事であってもこうした自分よりも経験豊富な志願者に太刀打ちできないでいる。その結果、キャリア特有のスキルを習得する機会がより魅力的になっている。しかし、米国の経済が強まるにつれて、伝統的な夏休みの仕事が再び活気を取り戻し始める可能性もある。

（8）　正解　2

選択肢の訳　1　言い換えれば
　　2　それにもかかわらず
　　3　例えば
　　4　そうでなければ

解説　第1パラグラフ第1文に高校生が夏休みに働くことについて It has long been a tradition（伝統となって久しい）と書かれているが、空所以降では若者の態度と労働市場が変化し、現在では approximately one-third of teens（10代のおよそ3分の1）だけが働き、かつての roughly half（約半分）の割合になったとあるので、逆接的な意味の2が正解。

（9） 正解 3

選択肢の訳
1 夏休みの仕事で今まで以上にたくさんのお金を稼いでいる
2 働き始める年齢が下がっている
3 教育のことをもっと心配している
4 重大な間違いをしている

解説 第2パラグラフ第1文で Parents once encouraged their children to take summer jobs（かつて親たちは子どもが夏の間仕事に就くことを奨励した）とあるが、第2文が However（しかし）で始まっているので、many students today（今日の多くの学生）は働くこととは別のことを希望しているのだと考えられる。空所以降の内容も考えると3が適合する。

（10） 正解 3

選択肢の訳
1 学業成績の悪化
2 経済の成長
3 雇用機会の減少
4 道徳的価値観の変化

解説 第3パラグラフ第3文に、年配の労働者が多いため簡単な仕事でも many young graduates have been losing out to these more experienced applicants（多くの若い大学の卒業生はこうした自分よりも経験豊富な志願者に太刀打ちできないでいる）とあるので、若者が仕事に就きづらくなっていることが分かる。これを簡単に言い換えた3が正解。

筆記3 長文の内容一致選択

ニューヨーク市対自動車

　長年にわたって、交通渋滞や車が大気質に及ぼす影響に対する懸念から、ニューヨーク市当局はマンハッタン島の交通量を減らすためにさまざまな試みを行ってきた。その1つは、1971年の当時のジョン・リンゼー市長による提案で、日中にマンハッタンの商業地区の混雑した地区に自動車が乗り入れるのを禁止するというものだった。この計画は大気汚染問題の解決策として推進され、市民から広く称賛された。残念なことに、地元企業が景気後退によって自動車運転禁止区域に見込み客が近づかなくなるのではないかと心配したため、提案は退けられた。

　1973年、リンゼーは再び交通量を削減しようとしたが、今度は車の運転手がマンハッタンの商業地区に接続するどの橋を利用するにも料金を払わなければならないという戦略だった。リンゼーの計画は大気質を改善するための国の法令の一部として承認されたため、連邦政府も関与した。しかし、リンゼーの任期が終わると、次の市長はその計画に反対し連邦政府とこの問題について争うようになった。最終的に、当初の計画を導入するのではなく、市は環境に優しい公共交通サービスを拡大することで国の大気質法令の要件を満たす許可を取りつけた。その結果、マンハッタンへ通じる一部の橋は通行無料のままとなった。

　2016年に提出されたムーブNYと呼ばれる提案は「混雑料金」計画を推奨している。マンハッタンの商業地区外のそれほど交通量の多くない地区の橋の通行料を引き下げながら、運転手がマンハッタンにある現在無料の橋を使う際に料金を請求するというものだ。これにより商業地区まで車を運転する人たちにはコストを増加させることになるが、そのお金は公共交通機関に投資されるので地下鉄やバスがより魅力的な選択肢となり、道路の混雑を削減できる可能性がある。マンハッタンのすべての橋に通行料がかかるため、人々が回り道をして商業地区に通じる現在無料の橋を利用しようという、交通問題を増大させる一般的な行動を抑制することにもなるだろう。可決されれば、ムーブNYは市が追い求めてきた交通問題の解決策になるかもしれない。

(11) 正解 3

訳 1971 年のマンハッタンの商業地区への自動車の乗り入れ禁止計画がなぜ施行されなかったのか。

1 当局者は大気汚染を減らすと主張したが、他の地域でテストしてもほとんど効果がなかった。

2 限られた地域しか対象ではなかったので、マンハッタン全体の交通量を減らすことはできないだろうと批評家が指摘した。

3 一般的には支持されたが、地域に経済的な悪影響を及ぼすことが懸念された。

4 市民が不便な時間帯に買い物をしなければならなくなると不平を言ったため、市長は推進するのをやめた。

解説 第 1 パラグラフ第 3 文で混雑した商業地区への自動車の乗り入れを禁止する計画が widely applauded by citizens（市民から広く称賛された）とあるが、第 4 文で potential customers（見込み客）を呼び込めなくなるという懸念から否決されたとある。こうした内容を言い換えた 3 が正解。

(12) 正解 1

訳 国内の大気質法令はニューヨーク市の交通政策にどのような影響を与えたか。

1 市が橋の料金計画の代わりに大気汚染を減らす別の方法を採用することを可能にした。

2 最初にその法案が可決されたときに支持していた市長の再選につながった。

3 通勤者が車で橋を渡って乗り入れるよりも公共交通機関に乗ってマンハッタンへ行く方が安くなった。

4 法廷闘争を引き起こし、最終的に市はマンハッタンに通じる橋の従来の通行料を撤廃することを余儀なくされた。

解説 第 2 パラグラフ第 2 文で国の大気質法令の一部としてリンゼー市長による橋に通行料金を課す計画が承認されたとあるが、次の市長はこの計画に反対し、最終的にこの法令の要件を満たすために expanding environmentally friendly public transportation services（環境に優しい公共交通サービスを拡大する）という手段をとったと第 4 文に書かれている。

(13) 正解 **2**

訳 ムーブ NY プランの 1 つの利点は何か。

1 橋の通行料を走行距離の合計に基づいて変更することで、人々が積極的に車に乗らないようにする。

2 マンハッタンのすべての橋に通行料を課すことで、人々が遠回りの経路を通るのを防止するのに役立つ。

3 一部の車道を公共交通機関に置き換えることで、市はより多くの収入を得ることが可能になる。

4 マンハッタンのあまり混雑していない橋を無料にすることで、商業地区の交通量が減少する。

解説 第 3 パラグラフ第 3 文に there would be tolls on all of Manhattan's bridges（マンハッタンのすべての橋に通行料がかかる）とあり、driving far out of their way to use currently free bridges to the business district（回り道をして商業地区に通じる現在無料の橋を利用すること）を抑制することになると書かれている。この内容を簡潔にまとめた 2 が正解。

No. 1

◀29

スクリプト

W: My back is aching, and my hands are sore. This digging is hard work!

M: Yes, but if we want to have a nice yard, we need to put in the effort.

W: I just didn't think we'd have to dig out two truckloads of dirt.

M: The worst is over. Now we get to plan the flower garden.

W: Still, I wish we'd hired someone to do the labor.

M: You know we can't afford that. Besides, we'll get more satisfaction out of doing it ourselves.

W: Yeah, you're probably right.

Question: What is the man's opinion?

訳　女性：背中は痛いし手も腫れてるわ。こうして地面を掘るのって大変な作業なのね。

男性：うん、でもいい庭を作りたいなら手間をかける必要があるんだよ。

女性：トラック2台分の土を掘り出さないといけないだなんて考えてなかったのよ。

男性：峠は越したよ。さあ、花壇の計画に移ろう。

女性：でも、力仕事をしてくれる人を雇えたらいいのにって思うわ。

男性：そんな余裕はないよ。しかも、自分たちでやることでより充実感が出るんだよ。

女性：ええ、多分あなたの言う通りね。

質問：男性の意見は何か。

正解　1

選択肢の訳　1　庭は努力して作る価値があるだろう。

2　誰かを雇うべきだった。

3　花壇は設計が難しいだろう。

4　まだたくさん掘る必要がある。

解説　庭づくりが大変なことに弱音を吐く女性を男性が励ましている。男性の意見は we'll get more satisfaction out of doing it ourselves（自分たちでやることでより充実感が出る）という最後の発言に表されているので、1が内容的に一致する。

No. 2

スクリプト

W: Hey Russell! How was your vacation in Portland?

M: Good, thanks. On my last day, I joined a four-hour guided food tour around the city.

W: Four hours? I bet you were really full by the end.

M: Actually, the focus was on quality, not quantity. And we walked everywhere, so I wasn't so full by the end.

W: How much was it?

M: One hundred dollars.

W: That seems expensive.

M: I thought it was money well spent. It was fascinating, and I learned a lot about different cuisines.

Question: What is the man's opinion of the food tour?

訳 　女性：あら、ラッセル！ ポートランドの休暇はどうだった？

男性：おかげさまで良かったよ。最後の日は市内を巡る4時間のガイド付きフードツアーに参加したよ。

女性：4時間も？ きっと最後には本当にお腹いっぱいだったんでしょうね。

男性：実際には、量ではなく質にこだわってたんだ。しかもあちこち歩き回ったから、最後までそんなに満腹ではなかったよ。

女性：いくらだったの？

男性：100ドルだよ。

女性：それは高いんじゃない。

男性：有効にお金を使ったと思ったけどね。興味深かったし、いろいろな料理についてたくさん学んだよ。

質問：フードツアーについての男性の意見は何か？

正解　3

選択肢の訳　1　十分に歩くことがなかった。

2　ガイドは知識が豊富ではなかった。

3　お金を払うだけの十分な価値があった。

4　その前に彼が参加したツアーに似ていた。

解説　ツアーが高額だと言う女性に対して、男性は it was money well spent（有効にお金を使った）と述べているので、これを言い換えた3が正解。I learned a lot about different cuisines（いろいろな料理についてたくさん学んだ）などの男性の肯定的なコメントからも裏付けがとれる。

スクリプト

W: Excuse me, I've been in this line for 20 minutes now, and it has barely moved.

M: I apologize, ma'am. The flu has left us understaffed this morning. Half of our clerks are off sick. Perhaps I can direct you to an ATM.

W: Actually, I want to transfer some money, not make a deposit or withdrawal.

M: You can do that at an ATM. I'd be happy to help.

W: Oh, thanks. I've never used one for that kind of transaction before.

Question: What does the man offer to do?

訳　女性：あのう、私はもう20分もこの列に並んでいるんですが、ほとんど前に進んでいないんですけど。

男性：お客様、申し訳ございません。今朝はインフルエンザのせいで人員が足りていないのです。店員の半分が病気で休みを取っていまして。ATMまでご案内いたしましょう。

女性：実は、入金や出金ではなく、送金したいんです。

男性：ATMでも行うことができますよ。お手伝いいたします。

女性：まあ、ありがとうございます。こういう手続きでATMを使ったことがないんです。

質問：男性は何をすると申し出ているか。

正解　1

選択肢の訳　1 女性に送金の仕方を案内する。
2 女性を別の支店に案内する。
3 女性を手の空いている店員のところに連れて行く。
4 行列で女性の順番を確保しておく。

解説　送金のために列に並んでいる女性に、男性が You can do that at an ATM. I'd be happy to help. (ATMでも送金できますよ。お手伝いいたします) と述べているので、この内容を簡潔にまとめた1が正解。

No. 4 ～ No. 5

◀32

スクリプト

The History of the Heart

Today, everyone knows the heart is an organ that pumps blood through the body. This has not always been the case, however. Ancient Egyptians, for example, thought the human soul was located in the heart. The Egyptians believed the heart would be weighed by a goddess at the entrance to paradise to decide whether the dead person's soul could enter.

The symbol of the heart also has an interesting history. It was first used 5,000 years ago in the Middle East, but historians do not know what it meant. However, early Christians used it as a symbol of life after death, and in some countries, it became a symbol of courage. In the twelfth century, it began to appear in paintings of love scenes. At that time, the human heart itself was also becoming associated with feelings of love and the symbol became linked to that.

Questions

No. 4 What is one thing ancient Egyptians believed?

No. 5 What is one thing we learn about the heart symbol?

訳

ハートの歴史

今日、心臓が体中に血液を送り出している器官であると誰もが知っている。しかし、今まで必ずしもそうだったわけではない。たとえば、古代エジプト人は人間の魂は心臓の中にあると考えた。エジプト人は、楽園への入り口で女神によって心臓の重さが測られ、死者の魂が楽園に入ることができるかどうかが決められると信じていた。

ハートのマークにも興味深い歴史がある。5000年前に中東で最初に使われたが、歴史家はそれが何を意味していたのかわからない。しかし、初期のキリスト教徒は死後の世界の象徴としてそれを使用し、そしていくつかの国では勇気の象徴となった。12世紀になると、ラブシーンの絵に現れ始めた。その当時、人間の心臓自体も愛情と関連づけられていて、そのマークがその感情と結びつけられたのだ。

No. 4

正解 **2**

質問の訳 古代エジプト人が信じたことは何か。

選択肢の訳 1 彼らの神々は心臓を持っていなかった。
2 心臓は魂がある場所だった。
3 楽園は心臓のような形をしていた。
4 心臓はほとんど価値のない臓器だった。

解説 古代エジプト人について the human soul was located in the heart（人間の魂は心臓の中にある）と考えていたと述べられているので、その言い換えとして 2 が選べる。

No. 5

正解 **4**

質問の訳 ハートのマークについて私たちがわかることは何か。

選択肢の訳 1 12 世紀に作られた。
2 それ以前は幸運の象徴だった。
3 その使用は中東で禁止されていた。
4 その意味は時とともに変わった。

解説 The symbol of the heart also has an interesting history（ハートのマークにも興味深い歴史がある）と述べられた後で、life after death（死後の世界）から courage（勇気）や feelings of love（愛情）を表すものへと変遷していったと説明されている。

No. 6

スクリプト

You have 10 seconds to read the situation and Question No. 6.

GreenWay Market will open soon, and we'll be offering special savings. Customers who pay in cash get a 3 percent discount on weekends. Customers who use a ValuePlus credit card to pay will receive a 5 percent discount on every purchase any day of the week! Apply online this week, and you will get the card before the store's grand opening. If you buy lots of vegetables, be sure to download the GreenWay smartphone app, and get 10 percent off all vegetables. Plus, any time you spend more than $100, we'll donate $1 to the local youth center.

Now answer the question.

> **訳** 10 秒で現在の状況と質問 No. 6 を読んでください。
>
> GreenWay マーケットがもうすぐオープンし、特別な割引を行います。現金で支払いのお客様は週末に 3 パーセントの割引が受けられます。ValuePlus クレジットカードを使ってお支払いされるお客様は、曜日に関係なく購入するごとに 5 パーセントの割引が受けられます。今週オンラインで申し込むと、グランドオープン前にカードが手に入ります。野菜をたくさん買う場合は、必ずスマートフォンの GreenWay アプリをダウンロードしてください。そうすれば、すべての野菜が 10 パーセント引きになります。さらに、いつでも 100 ドル以上のお買い物をすると、我々は地元のユースセンターに 1 ドル寄付いたします。それでは解答してください。

正解　2

状況の訳　あなたは農場に住んでいて、自分で必要なすべての野菜を栽培している。数週間後にオープンする新しいスーパーマーケットの次のようなラジオ CM が聞こえる。

質問の訳　最もお金を節約するために何をすべきか。

選択肢の訳　1　スマートフォンの GreenWay アプリをダウンロードする。
2　ValuePlus クレジットカードを申し込む。
3　現金で食料品の代金を支払う。
4　100 ドル以上の買い物をする。

解説　pay in cash（現金で支払う）は use a ValuePlus credit card（ValuePlus クレジットカードを使う）よりも割引率が低いので、除外される。野菜を買うのなら the GreenWay smartphone app（スマートフォンの GreenWay アプリ）をダウンロードすると得だが、これは不要だ。100 ドル以上の買い物は節約にはつながらないので、残った 2 が正解。

DAY 5
ミニ模試

筆記試験・リスニングテスト

[目標解答時間：20 分＋リスニング]

1 *To complete each item, choose the best word or phrase from among the four choices.*

(1) Stephan has been (　　　　　) by his manager to lead the new advertising project. He is nervous but also excited to be given such a responsibility.

1 encased　　**2** minimized　　**3** designated　　**4** interrupted

(2) A lack of rain in California has put a (　　　　　) on the state's ability to supply enough water to everyone. Officials have begun restricting people's water usage.

1 torch　　**2** bribe　　**3** strain　　**4** gem

(3) Consumers should be aware that the rates some companies advertise for their services can be (　　　　). Various additional charges often have to be paid.

1 gratifying　　**2** misleading　　**3** attentive　　**4** defective

(4) It snowed for two hours this morning, but the snow did not (　　　) at all. The children are disappointed there is no snow to play in.

1 starve　　**2** accumulate　　**3** testify　　**4** litter

(5) The forest (　　　) of many animals is being destroyed by logging companies. Environmentalists fear these animals will soon have nowhere to live.

1 dose　　**2** riot　　**3** blockade　　**4** habitat

(6) Yesterday, Joe (　　　　) missed being involved in a car accident. Another car suddenly pulled out in front of him, and he had to react quickly to avoid it.

1 shamelessly　　2 enviously　　3 narrowly　　4 frankly

(7) Sue's parents wanted her to continue her college education, but she (　　　) their wishes by dropping out to pursue a modeling career.

1 attained　　2 empowered　　3 defied　　4 expanded

(8) When the boy admitted to spreading (　　　　) rumors about his teacher, the principal made him write a letter to apologize for what he had done.

1 heroic　　2 malicious　　3 soaked　　4 delighted

(9) A: Are you sure you want to go to the protest, Shari?
 B: Yes. I can't just (　　　) while an important historic building is destroyed. I would feel terrible if I didn't try to stop it.

1 sink in　　2 sit by　　3 wear off　　4 make out

(10) The courtroom is usually almost empty, but when a famous gang leader (　　　　) the judge, it was full of reporters and curious people.

1 lifted off　　2 ruled out　　3 came before　　4 held over

Read each passage and choose the best answer from among the four choices for each question.

The Marielitos

In April 1980, six Cubans crashed a bus through the gates of the Peruvian embassy in Havana, Cuba. Like many Cubans, they wanted to escape the country's terrible economic situation and political oppression. When the embassy refused to hand the six over to Cuban authorities, the nation's dictator, Fidel Castro, attempted to pressure Peru by removing all guards from the embassy's gates. In the next four days, over 10,000 freedom-seeking Cubans entered the embassy. Soon, there was nationwide unrest, and Castro was compelled to take action to relieve the tension. He signed an immigration agreement with the US government and announced that any Cuban citizen could now leave Cuba via the port of Mariel. This led to around 125,000 refugees boarding boats for the United States. More than half settled in Miami, Florida. Since their arrival, there have been numerous debates about the effects on American society.

The Cuban "Marielitos" were granted immediate refugee status and were viewed favorably by Americans until some were identified as criminals. The media was quick to exaggerate this, implying the Marielitos were causing huge increases in Miami's murder, robbery, and assault rates. Although there was, in fact, a noticeable rise in crime, it was mostly due to drug-related activities carried out by Colombian gangs. Castro himself further heightened the tension by revealing he had sent prison inmates and psychiatric patients along with the other refugees. The protest over Marielito criminality overlooked the fact that many had been jailed in Cuba for things like simply being jobless or criticizing the Cuban government, which were not crimes in most other countries. Others had signed statements confessing to crimes simply to obtain permission to leave Cuba. Yet the stereotype of the Marielitos as criminals became common among the US public, and even extended to the Cuban immigrant community in general.

In later years, researchers examined the Marielitos' effect on Miami's workforce, which grew by around 8 percent following their arrival. As most of the refugees were uneducated and had few skills, there should have been, in theory, a significant negative impact on the wages of Miami's unskilled workers resulting from the large increase in supply. Yet according to a study by economist David Card, although there was a slight increase in the unemployment rate between April and July 1980, there was "virtually no effect" on wages in the long run: earnings for non-Cuban unskilled workers remained steady and followed the patterns of other comparable cities.

Card's findings were challenged, however, in a study by economist George Borjas, who used a different definition of unskilled workers. While Card looked at the effects on the 25 percent of workers in Miami with the least skills overall, Borjas focused specifically on unskilled workers who had dropped out of high school. He concluded that wages in the high-school dropout group fell dramatically by as much as 30 percent after 1980. Further, a similar decline in wages occurred after a second wave of Cuban immigration in 1994. Given the difference between Card's and Borjas's findings, it is difficult to draw a firm conclusion about the economic impact the Marielitos had on Miami.

(11) What factor led to many Cubans immigrating to the United States in 1980?

1 The Peruvian government failed to keep its promise to accept 10,000 Cuban refugees, which led the United States to accept the remaining ones.

2 A mistake in the wording of an immigration agreement allowed Cubans to leave Cuba from the port closest to Miami.

3 Many Cubans were so unhappy with their circumstances that Fidel Castro was forced to change his policy on citizens leaving the country.

4 Changes to Cuba's immigration agreements with other nations made it necessary to also change its agreement with the United States.

(12) What is one reason US public opinion of the newly arrived "Marielitos" changed?

1 The US government acknowledged that its immigration authorities had failed to adequately investigate the Marielitos upon their arrival.

2 Media reports gave the impression that the Marielitos were responsible for Miami's growing crime problem.

3 Many of the Marielitos began doing things that were not considered crimes in Cuba but that were illegal in the United States.

4 Miami's previous Cuban immigrants distanced themselves from the Marielitos after some of them claimed to support Castro.

(13) Which of the following statements is supported by David Card's study?

1 It is a mistake to assume large-scale immigration will have a negative effect on wage levels in the cities that immigrants come to live in.

2 Large-scale immigration is only beneficial when those supplying the additional labor are not competing with highly skilled workers.

3 When wages for unskilled workers in a city are already very low, large-scale immigration will likely have a positive effect on them.

4 Large-scale immigration to a city can have a lasting influence on education and employment there even if its short-term effects are minor.

(14) What explanation can be given for the difference between David Card's and George Borjas's findings?

1 While Card examined only short-term effects on people's wages, Borjas studied the Marielitos' impact on unskilled workers in the long term.

2 Most of the data that Borjas analyzed was gathered from a second immigration event that occurred at a later time.

3 Card was working with a smaller body of data and using research techniques that had become outdated by the time later studies were done.

4 Borjas focused only on the effects of immigration on members of a particular group within the unskilled workforce.

リスニングテスト

There are three parts to this listening test.

Part 1	Dialogues:	1 question each	Multiple-choice
Part 2	Passages:	2 questions each	Multiple-choice
Part 3	Real-Life:	1 question each	Multiple-choice

Part 1

◀ 34 >>> 36

No. 1

1 Their children have grown up and moved out.
2 Their home is too far from their workplaces.
3 They need money for their children's education.
4 They can make a profit due to the booming market.

No. 2

1 Gradually replace their light bulbs.
2 Wait for further price reductions.
3 Cut electricity costs another way.
4 Shop online for LED bulbs.

No. 3

1 He dislikes having to work in the evenings.
2 He has not found it helpful.
3 He is tired after giving his presentation.
4 He has a lot of work waiting for him.

Part 2

◀ 37

No. 4

1 Help employees stay awake while working.
2 Prevent employees from visiting social media sites.
3 Tell employees when to take breaks.
4 Track employees' computer activity.

No. 5

1 Doing easy work during a break can be beneficial.
2 It is good to chat with coworkers during a break.
3 Taking breaks too often can make people tired.
4 It is better to finish a difficult task before resting.

Part 3

◀ 38

No. 6

Situation: You would like to buy a TV but want to avoid shopping in a crowded store. You hear the following advertisement on the radio.

Question: What should you do?

1 Pay in full on Friday.
2 Call the store on Friday.
3 Line up early Saturday morning.
4 Get the store's Priority Shopper Card.

■ 正解一覧

筆記試験

1 | （1） | （2） | （3） | （4） | （5） |
|---|---|---|---|---|
| 3 | 3 | 2 | 2 | 4 |

（6）	（7）	（8）	（9）	（10）
3	3	2	2	3

2 | （11） | （12） | （13） | （14） |
|---|---|---|---|
| 3 | 2 | 1 | 4 |

リスニングテスト

1 | No. 1 | No. 2 | No. 3 |
|---|---|---|
| 1 | 1 | 1 |

2 | No. 4 | No. 5 |
|---|---|
| 4 | 1 |

3 | No. 6 |
|---|
| 1 |

■ 訳と解説

筆記 1 短文の語句空所補充

（1） 正解 **3**

訳 ステファンは彼の部長に新しい宣伝プロジェクトを率いるように指名された。不安もあるが、彼はそのような責任を与えられたことに興奮もしている。

1 箱に入れられた　　**2** 最小化された　　**3** 指名された　　**4** 中断された

解説 第2文に such a responsibility（そのような責任）を与えられたと書かれているので、to lead the new advertising project（新しい宣伝プロジェクトを率いる）ことになったのだと考えられる。文意が通るようにするには、そのように部長から 3 designated（指名された）とするのが良い。designate O to V で「V するように O を指名する」の意味。

（2） 正解 **3**

訳 カリフォルニア州の雨不足によって、州がすべての人に十分な水を供給する能力に負担がかかっている。市の職員は人々の水の使用を制限し始めた。

1 たいまつ　　**2** 賄賂　　**3** 負担　　**4** 宝石

解説 水不足によって the state's ability to supply enough water（州がすべての人に十分な水を供給する能力）に影響が出て、水の使用制限につながったことを考えると、3 strain（負担）が適合する。

（3）　正解　2

訳　消費者は、一部の会社が宣伝しているサービス料金が紛らわしい場合があることを認識しておくべきだ。さまざまな追加料金を支払わなければいけないことも多いからだ。

1　満足な　　　　2　紛らわしい　　　3　注意深い　　　4　欠陥のある

解説　第2文に Various additional charges（さまざまな追加料金）が生じる場合があると書かれているので、the rates some companies advertise for their services（一部の会社が宣伝しているサービス料金）があまり信用できないものだと考えられる。文意が通るように 2 misleading（紛らわしい）を選ぶ。

（4）　正解　2

訳　今朝は2時間雪が降ったが、雪は全く積もらなかった。子供たちは雪遊びするための雪がないのでがっかりしている。

1　餓死する　　　　2　積み重なる　　　3　証言する　　　4　ゴミを散らかす

解説　It snowed for two hours（2時間雪が降った）の後に but（しかし）と続いているので、予想に反した内容なのだと分かる。2を選んで the snow did not accumulate at all（雪は全く積もらなかった）とすれば、第2文の内容とも自然につながる。

（5）　正解　4

訳　たくさんの動物の生息地である森が木材会社によって伐採されている。環境保護主義者たちは、間もなくこれらの動物の住処がなくなるのではないかと心配している。

1　服用量　　　　2　暴動　　　　3　封鎖　　　　4　生息地

解説　第2文で環境保護主義者が these animals will soon have nowhere to live（間もなくこれらの動物の住処がなくなる）ということを心配しているとあるので、木材会社が伐採している森は動物たちの 4 habitat（生息地）なのだと分かる。

（6）　正解　**3**

訳　昨日、ジョーはかろうじて自動車事故に巻き込まれなかった。別の車が突然彼の前で停車して、彼はそれを避けるために素早く反応しなければいけなかった。

1 恥知らずにも　　**2** うらやましそうに　　**3** かろうじて　　　**4** 率直に言って

解説　ジョーについて、前を走る車が突然止まったとき he had to react quickly to avoid it（彼はそれを避けるために素早く反応しなければいけなかった）と第2文に書かれている。とっさの対応で事故にはならなかったので、3 narrowly（かろうじて）が適合する。

（7）　正解　**3**

訳　スーの両親は彼女に大学での勉強を続けてほしいと望んだが、彼女は彼らの願いに反してモデルの仕事に就くために退学した。

1 達成した　　**2** 権限を与えた　　**3** 反抗した　　　**4** 拡大した

解説　スーの両親は彼女に大学で勉強を続けてほしかったが、but（しかし）と続くので実際には彼らの希望通りにはならなかったことが推測できる。3 を入れて defied their wishes（彼ら＝両親の願いに反抗した）とするのが良い。後半の dropping out to pursue a modeling career（モデルの仕事に就くために退学する）という内容からも裏付けがとれる。

（8）　正解　**2**

訳　少年が先生について悪意のある噂を広めたと認めたとき、校長は彼に自分がしたことを謝罪するための手紙を書かせた。

1 勇ましい　　**2** 悪意のある　　**3** びしょ濡れの　　**4** 喜んだ

解説　文の後半で校長が彼＝少年に a letter to apologize for what he had done（自分がしたことを謝罪するための手紙）を書かせたとあるので、少年が悪いことをしたのだと分かる。彼が広めた rumors（噂）を修飾する語として 2 malicious（悪意のある）が適合する。

(9)　正解　2

訳　A：シャリ、本当に抗議運動に行きたいの？
B：ええ。重要な歴史的建造物が破壊されているのをただ傍観していられないわ。止めようとしなかったら、最悪な気持ちになると思うし。

1　〜に沈む　　　2　傍観する　　　3　〜をすり減らす　　　4　〜に記入する

解説　話し手 B が the protest（抗議運動）に参加しようとしている。I would feel terrible if I didn't try to stop it（止めようとしなかったら、最悪な気持ちになると思う）という発言から判断して、重要な建造物が破壊されている状況で何もせずにはいられないはずだ。2を入れて I can't just sit by（ただ傍観していられない）とすると文意が通る。

(10)　正解　3

訳　法廷には通常ほとんど人がいないが、有名なギャングのリーダーが裁判官の前に出廷したとき、記者と好奇心旺盛な人々でいっぱいだった。

1　離昇した　　　　　　　　2　〜を除外した
3　〜の前に出頭した　　　　4　〜を持ち越した

解説　通常はほとんど人がいない法廷が full of reporters and curious people（記者と好奇心旺盛な人々でいっぱい）になった理由を考えると、a famous gang leader（有名なギャングのリーダー）が法廷にやってきたのだろうと推測できる。3 came before（〜の前に出頭した）が正解。

マリエリトス

1980年4月、6人のキューバ人がキューバのハバナにあるペルー大使館の門をバスで突破して敷地内に侵入した。多くのキューバ人と同様に、彼らは自国の酷い経済状況と政治的抑圧から逃れたいと思っていた。大使館がキューバ当局への6人の引き渡しを拒否したとき、同国の独裁者であるフィデル・カストロは、ペルーに圧力をかけようとして大使館の門から警備員をすべて引き上げさせた。それから4日間で1万人以上の自由を求めるキューバ人が大使館の敷地に入った。すぐに、全国的な社会不安が広まり、カストロは緊張を緩和するために行動を起こさなければならなくなった。彼はアメリカ政府と移民協定に署名し、キューバ国民なら誰でもマリエル港を経由してキューバを出国することができると発表した。こうして、約125,000人の難民がボートに乗り込んでアメリカに向かった。その半分以上がフロリダ州マイアミに移り住んだ。彼らの到着以降、アメリカ社会への影響について多くの議論がなされた。

キューバの「マリエリトス」は即座に難民の地位を与えられ、アメリカ人から好意的に見られていたが、その一部が犯罪者であることが判明した。メディアはすぐさまこれを大げさに取り上げて、マリエリトスのせいでマイアミの殺人や強盗や暴行の発生率の急増が起きていると示唆した。実際に犯罪が著しく増加したが、それは主にコロンビアのギャングによって行われた薬物関連の活動によるものだった。カストロ自身も、刑務所の囚人や精神科の患者を他の難民と共に送ったことを明らかにしてさらに緊張を高めた。マリエリトスの犯罪に関する抗議は、多くの国では犯罪ではない単なる失業状態やキューバ政府の批判などが理由で多くの人がキューバで投獄されていたという事実を見過ごしていた。他の亡命者は単にキューバを去る許可を得るために犯罪を告白する声明に署名した。それでも、マリエリトスが犯罪者であるという固定観念はアメリカの国民の間で一般的になり、キューバの移民社会全体にまでも広がった。

後になって、研究者らがマイアミの労働力に対するマリエリトスの影響を調査したのだが、この地では労働力は彼らの到着後に約8パーセント増加していた。ほとんどの難民は教育を受けておらず技術もほとんどなかったので、理論的には供給が大幅に増加したことでマイアミの未熟練労働者の賃金に大きな悪影響があったはずだ。しかし、経済学者デイビッド・カードの調査によると、1980年4月から7月の間に失業率はわずかに上昇したが、長期的には賃金に「実質的に影響はなかった。」キューバ人以外の未熟練労働者の収入は安定したままで、他の同規模の都市のパターンと一致していた。

しかし、カード氏の調査結果は、未熟練労働者の異なる定義を使った経済学者のジョージ・ボルハス氏による調査で反論を受けた。カード氏がマイアミの労働者の25パーセントを占める最も未熟な労働者全体に対する影響を調べたのに対して、ボルハス氏は特に高校を中退した未熟練労働者に焦点を当てた。彼は高校中退グループの賃金は1980年以降に30パーセントも劇的に減少したと結論付けた。さらに、1994年の第二波のキューバ移民の後にも同様の賃金の下落が起こっていた。カード氏とボルハス氏の調査結果の違いを考えると、マリエリトスがマイアミに与えた経済的影響について確固たる結論を引き出すのは難しい。

(11) 正解 **3**

訳 1980年に多くのキューバ人がアメリカに移住した要因は何か。

1 ペルー政府が1万人のキューバ人難民を受け入れるという約束を守らなかったため、アメリカが残りの難民を受け入れることになった。

2 移民協定の言い回しに誤りがあったため、マイアミに最も近い港からキューバ人が国を離れることができた。

3 多くのキューバ人が自分たちの状況にとても不満を抱いていたので、フィデル・カストロは国を離れる市民に対する彼の方針を変えることになった。

4 キューバが他国との移民協定を変更したことで、米国との協定も変更する必要が出た。

解説 第1パラグラフ第4文と第5文に国に不満を抱く多くのキューバ人がペルー大使館に集まったことで nationwide unrest（全国的な社会不安）が広がり、Castro was compelled to take action（カストロは行動を起こさなければならなくなった）とある。結果として第6文に He signed an immigration agreement（彼は移民協定に署名した）と書かれている。

(12) 正解 **2**

訳 新しく到着した「マリエリトス」に対する米国の世論が変わった1つの理由は何か。

1 アメリカ政府は、入国管理局が到着時にマリエリトスを十分に調査しなかったことを認めた。

2 メディア報道は、マリエリトスがマイアミの増大する犯罪問題の一因となっているという印象を与えた。

3 多くのマリエリトスがキューバでは犯罪とは見なされないがアメリカでは違法とされていることをし始めた。

4 カストロを支持すると一部のマリエリトスが主張した後、マイアミ在住のそれ以前のキューバ人移民が彼らから距離をとった。

解説 第2パラグラフ第1文の最後で移民の一部が criminals（犯罪者）であると分かり、第2文でメディアが the Marielitos were causing huge increases in Miami's murder, robbery, and assault rates（マリエリトスのせいでマイアミの殺人や強盗や暴行の発生率の急増が起きている）と示唆したとある。この内容をまとめた2が正解。

(13) 正解 1

訳 次のうちデイビッド・カードの研究によって支持されるのはどれか。

1 大規模移民が彼らの移り住む街の賃金水準に悪影響を与えると思い込むのは間違っている。

2 大規模移民は、追加の労働力を供給している人々が高度に熟練した労働者と競合していない場合にのみ有益だ。

3 都市の未熟練労働者の賃金がすでに非常に低い場合、大規模な移民は彼らに良い影響を与える可能性がある。

4 都市への大規模移民は、短期的な影響が軽微であってもそこでの教育や雇用に長期的な影響を与える可能性がある。

解説 第3パラグラフ第2文でマリエリトスの移住が in theory(理論的には)マイアミの未熟練労働者の賃金に a significant negative impact(大きな悪影響)があったはずだが、第3文で there was "virtually no effect" on wages(賃金に「実質的に影響はなかった」)とあるので、1が内容的に一致する。

(14) 正解 4

訳 デイビッド・カードとジョージ・ボルハスの調査結果の違いについて、どのように説明できるか。

1 カードが人々の賃金への短期的影響のみを検討したのに対して、ボルハスはマリエリトスの未熟練労働者への影響を長期的に調査した。

2 ボルハスが分析したデータの大部分は、後で発生した2番目の移民事例から集められたものだった。

3 カードは、より少ないデータを扱い、後の研究が行われるまでに時代遅れになっていた研究手法を使っていた。

4 ボルハスは未熟練労働者の特定の集団の構成員に対する移民の影響にのみ焦点を当てた。

解説 第4パラグラフ第2文に、カードの調査対象が the 25 percent of workers in Miami with the least skills overall(マイアミの労働者の25パーセントを占める最も未熟な労働者全体)だったのに対し、ボルハスは unskilled workers who had dropped out of high school(高校を中退した未熟練労働者)に焦点を当てていたと書かれている。同じ内容の4が正解。

リスニング Part 1　会話の内容一致選択

No. 1　◀34

スクリプト

W: Hi, Bill. I saw in the paper that your house is on the market.

M: That's right. Our youngest son just graduated from college and moved out, so my wife and I are downsizing.

W: Wow, time really flies! Are you staying in the area?

M: Actually, we've bought a small condo in a retirement community just south of town, although we'll still be working for several more years.

W: At least you're over the hump of getting your children through college. You really must be looking forward to the change.

M: Well, we have mixed feelings. Our lives are much less hectic these days, but we miss having the kids at home.

Question: Why are Bill and his wife selling their house?

訳　女性：こんにちは、ビル。新聞であなたの家が売りに出されてるのを見たんだけど。

男性：そうなんだよ。一番下の息子がちょうど大学を卒業して引っ越したから、妻と2人でお金がかからないようにするんだ。

女性：まあ、あっという間ね！ この地域にとどまるつもりなの？

男性：実は、町のすぐ南側にある高齢者住宅地で小さい分譲マンションを購入したんだ。まだ後何年か働き続けるんだけどね。

女性：とにかく、あなたは子どもたちを大学に通わせるっていう難関を越えたのよ。環境が変わるのを本当に楽しみにしてるんでしょうね。

男性：まあ、複雑な気持ちだね。最近2人での生活も随分忙しくなくなったから、子どもが家にいる頃が恋しいね。

質問：ビルと彼の妻はなぜ家を売っているのか。

正解　1

選択肢の訳　1　子供たちが成長してよそへ引っ越した。

2　家が職場から離れすぎている。

3　子どもたちの教育費が必要だ。

4　市場の急成長のおかげで利益を上げることができる。

解説　女性から家を売りに出していることを指摘され、男性が Our youngest son … moved out, so my wife and I are downsizing（一番下の息子が引っ越したから、妻と2人でお金がかからないようにする）と説明している。

147

スクリプト

W: Honey, what do you think of changing all the light bulbs in the house to energy-efficient LED bulbs?

M: But they're so expensive. Would it really save us money?

W: Well, prices for LEDs are dropping, and they use much less electricity.

M: OK, but are they bright enough?

W: I read online that a 7-watt LED is as bright as a 60-watt traditional bulb.

M: Well, all right, but rather than changing them all now, how about we change each one as it burns out?

W: OK.

Question: What does the man suggest they do?

訳 女性：ねえあなた、家の中の電球を全部省エネの LED 電球に変えるのはどうかしら？

男性：でも、すごく高いじゃないか。本当にお金の節約になるのかい？

女性：そうね、LED の値段は下がってるし、使う電力も減るのよ。

男性：うん、でも明るさは十分なの？

女性：ネットで 7 ワットの LED が 60 ワットの今までの電球と同じくらいの明るさだって書いてあったわ。

男性：うーん、そうだね。今全部変えるんじゃなくて、使えなくなったら 1 つずつ交換するのはどうかな？

女性：そうね。

質問：男性は何をするように提案しているか。

正解 1

選択肢の訳 1 電球を少しずつ交換する。
2 さらなる値下げを待つ。
3 別の方法で電気代を削減する。
4 LED 電球をインターネットで購入する。

解説 女性が家の全ての電球を LED 電球に変えようと持ちかけているが、男性はなかなかそれに同意しようとしない。最後に、妥協案として how about we change each one as it burns out? (使えなくなったら 1 つずつ交換するのはどうかな？) と述べているので、これを言い換えた 1 が正解。

No. 3

◀36

スクリプト

W: Enjoying the conference, Cliff?

M: Yes, it's been very useful. I'm glad it's the last day, though.

W: You must be exhausted after your presentation.

M: That wasn't so bad, actually. But the sooner I get back to the office, the better.

W: A lot of work to do?

M: Not especially. I just want to get back to my usual routine. Making contacts and networking during the day is one thing, but having to meet clients every evening as well is a bit much.

W: Yeah, I know what you mean.

Question: Why is the man glad the conference is nearly over?

訳　女性：クリフ、会議は楽しい？

男性：うん、とても役に立つね。最終日になってうれしいけどね。

女性：プレゼンして疲れたでしょうね。

男性：実際はそんなに大変じゃなかったよ。でも、できるだけすぐにオフィスに戻れたらいいね。

女性：やることがたくさんあるってこと？

男性：特にそういうわけじゃないけど。いつもの日常に戻りたいだけなんだ。日中に連絡を取ったり人脈を広げたりするのはいいけど、毎晩クライアントと会うことまでしないといけないのはちょっと厳しいね。

女性：ええ、言いたいことは分かるわ。

質問：男性はなぜ会議がもうすぐ終わるがうれしいのか。

正解　1

選択肢の訳　1　夜にも働かないといけないのが嫌だ。

2　役に立つと思っていない。

3　プレゼンテーションをして疲れている。

4　たくさんの仕事が待っている。

解説　男性は会議について very useful（とても役に立つ）と述べていて、プレゼンテーションについても That wasn't so bad（そんなに大変じゃなかった）と言っている。唯一の不満は having to meet clients every evening as well is a bit much（毎晩クライアントと会うことまでしないといけないのはちょっと厳しい）なので、同じ内容の 1 を選ぶ。

No. 4 ～ No. 5　　　　　　　　　　　　　　◀37

スクリプト

Give Me a Break

Many people believe the best way to work is to stay focused and keep working on a task until it is done. However, evidence suggests that employees might be more productive if they took frequent breaks. For instance, one social media company created a computer program that calculates employees' productivity by keeping track of what they do on their computers. The company discovered that the most productive employees took about 17 minutes of break time for every 52 minutes spent working.

Some researchers suggest that, like muscles, the brain gets tired and can benefit from brief rests. However, the type of break we take might also matter. Recent studies have shown that taking a break to do something unrelated to work can actually make employees feel more tired. However, setting a difficult task aside to do something work related but easy—such as writing a to-do list—seems to boost productivity.

Questions

No. 4 What was the computer program designed to do?

No. 5 What is one thing recent studies have shown?

訳　　　　　　　　　　　　休憩させてください

　　仕事をする最善の方法は、集中したまま終わるまで課題に取り組み続けることだと多くの人が信じている。しかし、頻繁に休憩を取った方が従業員の生産性が向上するという可能性を示す証拠がある。たとえば、あるソーシャルメディア会社は、コンピューターで何をしているか記録をつけることによって従業員の生産性を計算するコンピュータープログラムを作成した。この会社は、最も生産性の高い従業員が 52 分の勤務ごとに約 17 分の休憩時間を取っていたことを突き止めた。

　　筋肉のように、脳は疲れると短い休息から恩恵を受けることができると一部の研究者が示唆している。ただし、休憩の種類も重要かもしれない。最近の研究によると、仕事と無関係なことをするために休憩を取ると実際には従業員がさらに疲れる可能性があることを示している。ただし、難しい作業を中断して、やることリストを作成するなど、仕事と関連しているが簡単な作業をすると生産性が向上するようだ。

No. 4

正解 4

質問の訳 コンピュータープログラムはどのように設計されていたか。

選択肢の訳 1 従業員が仕事中に寝ないようにする。
2 従業員がソーシャルメディアサイトにアクセスしないようにする。
3 休憩すべき時間を従業員に教える。
4 従業員のコンピューター処理を追跡する。

解説 ソーシャルメディア会社が作ったのは、a computer program that calculates employees' productivity（従業員の生産性を計算するコンピュータープログラム）だが、具体的には keeping track of what they do on their computers（彼らがコンピューターで何をしているか記録をつける）という方法をとったと述べられている。簡潔な言い換えとして 4 が正解。

No. 5

正解 1

質問の訳 最近の研究が示していることは何か。

選択肢の訳 1 休憩中に簡単な作業をすると有益だ。
2 休憩中に同僚とおしゃべりするのは良いことだ。
3 頻繁に休憩をとると疲れる。
4 休む前に難しい仕事を終えたほうが良い。

解説 最近の研究結果として、taking a break to do something unrelated to work（仕事と無関係なことをするために休憩を取る）は逆効果だが、setting a difficult task aside to do something work related but easy（難しい作業を中断して仕事と関連しているが簡単な作業をする）は生産性の向上につながると述べられている。

No. 6

◀ 38

スクリプト

You have 10 seconds to read the situation and Question No. 6.

This Saturday is Super Saturday—McClaren Megastore's biggest sales event. Each year, hundreds of customers wait in line to get huge savings of between 30 and 60 percent! But if you want to avoid the big weekend crowds, you can now come in Friday between 9 a.m. and 3 p.m. for our presale event. Unlike Saturday, though, full payment on any items you purchase on the day is required. Also, when you're here, don't forget to register for our Priority Shopper Card. This will get you a 10 percent discount on any additional purchases. You can register after you make your first purchase.

Now answer the question.

訳　10 秒で現在の状況と質問 No. 6 を読んでください。

今週の土曜日はスーパーサタデーです。マクラーレンメガストアの最大のバーゲンセールです。毎年、30 から 60 パーセントの大幅な割引を受けるために何百人ものお客様に列に並んでいただいています。しかし、週末の大混雑を避けたい場合は、金曜日の午前 9 時から午後 3 時の間に先行バーゲンセールにお越しいただくことができます。ただし、土曜日とは異なり当日に購入する商品は全額お支払いいただく必要がございます。また、当店にお越しの際には必ず優先買い物カードのご登録をなさってください。これにより、次回以降のお買い物で 10 パーセントの割引が受けられます。初めてお買い物いただいた後にご登録いただけます。

それでは解答してください。

| 正解 | 1 |

状況の訳 あなたはテレビを購入したいが、混雑した店で買い物をしたくないと思っている。ラジオで次の広告が聞こえる。

質問の訳 あなたは何をすべきか。

選択肢の訳 1　金曜日に全額支払う。
2　金曜日に店に電話する。
3　土曜日の早朝に並ぶ。
4　店の優先買い物カードを入手する。

解説 条件は混雑を避けるということだけなので、Friday between 9 a.m. and 3 p.m. （金曜日の午前 9 時から午後 3 時の間）に来店すれば良い。セール前なので full payment（全額の支払い）が要求されるというデメリットもあるが、Priority Shopper Card（優先買い物カード）の登録で次回から割引になると説明されている。この内容に一致するのは 1 だ。

DAY 6

ミニ模試

英作文

- Write an essay on the given TOPIC.
- Use TWO of the POINTS below to support your answer.
- Structure: introduction, main body, and conclusion
- Suggested length: 120-150 words

TOPIC
Should Japan do more to protect its historic sites?

POINTS
- *Cost*
- *Development*
- *Education*
- *Tourism*

> まずは自分なりの答案を作成し、信頼できる英語の先生に添削をして
> もらいましょう。英作文の上達には添削指導を受けることが有益です
> が、それだけで力がつくわけではありません。普段の自学自習の質と量
> がものをいいます。次のコーナー「英作文上達トレーニング」への取り
> 組みを通して、自分の答案作成力を検証してみてください。

MEMO

DAY 1

DAY 2

DAY 3

DAY 4

DAY 5

DAY 6

DAY 7

DAY 8

DAY 9

DAY 10

■ トレーニング1

　英文ライティング上達の第一歩は、模範となる英文を何度も読み込むことです。以下は英検協会が公開している解答例です。そして、このような英文を書くために必要となるのが、右ページのような「メモ」を書き、それを元に下書きとしての「アウトライン」を作成することです。「メモ」と「アウトライン」から英文を完成させる流れを意識しながら読み込みましょう。

　It is essential for Japan to better preserve its many historic sites in order to educate its citizens about the past and increase tourism.

　Visiting historic sites is one of the best ways to understand how people lived long ago. Castles, old homes, and temples, for example, give us a sense both of the ways people lived their daily lives and how they thought about things. Seeing people's actual living conditions and the objects they used has much more of an impact than words one might read in a book.

　Better preserving historic sites will also increase tourism. In particular, when places are listed as World Heritage sites, they attract huge numbers of people. The money tourists spend at hotels and other facilities greatly stimulates local economies.

　Although it may seem expensive to preserve historic sites, these costs are far outweighed by the benefits to education and the tourism industry.

（150 語）

メモ

1 費用対効果

得られる利益＞維持にかかる費用　と言えるか？

→教育的な利益、経済的な利益など

2 開発

史跡を有する場所の開発・発展か、それとも維持方法の開発か？

（具体例が思い浮かばないので却下）

3 教育

「百聞は一見に如かず」的な教育効果はありそう

4 観光

観光資源としての活用

世界遺産などがその代表例か

結論は agree、3 と 4 を Body にして 2 と 1 を関連付ける

アウトライン

Introduction

Agree / for education and tourism

Body

Reason 1

visiting historic sites = one of the best ways to understand how

people lived long ago

castles, old homes, temples → more impact than books

Reason 2

to preserve historic sites → increase tourism

Ex. World Heritage sites attract many people

→ good for hotels and other facilities

Conclusion

the costs for preservation < the benefits to education and the

tourism industry

前コーナーでは、「メモ」から英文を完成させる流れを意識しながら解答例の英文を読み込みました。このコーナーでは、日本語訳を手掛かりとして英文を再現する練習をします。英文の構成や文法・語法などに注意を払いながら、また、 POINT を参考に、すらすらと書けるようになるまで自分のものとしてください。

第1パラグラフ

1 国の過去について国民を教育し観光業を増大させるために、日本が多くの史跡をもっと適切に保存することが不可欠だ。

第2パラグラフ

1 史跡を訪れることは、昔の人々の暮らしぶりを理解するための最良の方法の一つだ。

2 例えば、城や古い家や寺院などは、人々がどのように日常生活を送っていたのか、そして彼らが物事についてどう考えていたのかの両方を私たちに感じさせてくれる。

3 人々の実際の生活環境や彼らが使っていた物を見ることは、本の中で読む言葉よりもはるかに大きな影響を持つ。

1 It is essential for Japan to better preserve its many historic sites in order to educate its citizens about the past and increase tourism.

POINT
Introduction で結論を提示し、in order to 以下で理由を明示する。言いたいことの骨格が全て盛り込まれるように書くことが重要。

1 Visiting historic sites is one of the best ways to understand how people lived long ago.

POINT
1つ目の理由の Topic Sentence。可能な限り簡潔に書く。2つ目の理由は次のパラグラフで扱う。「まとめ」と「裏付け」を区別するように細心の注意を払う。この文では、"historic sites" が「まとめ」にあたる。

2 Castles, old homes, and temples, for example, give us a sense both of the ways people lived their daily lives and how they thought about things.

POINT
1つ目の理由の Supporting Sentence。"historic sites" の具体例として、"castles, old homes, and temples" を列挙する。繰り返すが、「まとめ」と「裏付け」を明確に書き分けることが本当に重要。

3 Seeing people's actual living conditions and the objects they used has much more of an impact than words one might read in a book.

POINT
Supporting Sentence の続き。史跡を見ることがもたらす効果について説明する。Introduction で教育的効果を提示しているので、関係づけて書く。英文エッセイでは、全ての文が結論部分と関係するように書かなければならない。

161

第 3 パラグラフ

1 史跡をより適切に保存することは観光業を増大させることにもつながる。

2 特に、ある場所が世界遺産に登録されると非常に多くの人々が訪れるようになる。

3 観光客がホテルなどの施設でお金を使うことで、地域経済が大いに活性化される。

第 4 パラグラフ

1 史跡を保存するのに多額の経費がかかるように思われるが、教育と観光業にもたらされる利益はこうした費用をはるかに上回る。

1 Better preserving historic sites will also increase tourism.

> POINT
> 2つ目の理由のTopic Sentence。Introductionの"to better preserve its many historic sites"をパラフレーズ（言い換え）する。派生語や文法を利用したひと手間で、文章の単調さを避けられる。

2 In particular, when places are listed as World Heritage sites, they attract huge numbers of people.

> POINT
> 2つ目の理由のSupporting Sentence。史跡が観光資源になる場合の具体例として、世界遺産を提示する。

3 The money tourists spend at hotels and other facilities greatly stimulates local economies.

> POINT
> Supporting Sentenceの続き。世界遺産に登録されたときの経済効果を具体的に論じる。

1 Although it may seem expensive to preserve historic sites, these costs are far outweighed by the benefits to education and the tourism industry.

> POINT
> Conclusion。保全の効果が費用をはるかに上回ることを主張し、文章を閉じる。

- 与えられたトピックでエッセイを書きなさい。
- 解答の根拠を示すために以下のポイントのうち2つを使いなさい。
- 構成：導入、本論、まとめ
- 目安となる長さ：120〜150語

トピック

日本は史跡を保護するためにもっと努力すべきか。

ポイント
- 費用
- 開発
- 教育
- 観光

　国の過去について国民を教育し観光業を増大させるために、日本が多くの史跡をもっと適切に保存することが不可欠だ。

　史跡を訪れることは、昔の人々の暮らしぶりを理解するための最良の方法の一つだ。例えば、城や古い家や寺院などは、人々がどのように日常生活を送っていたのか、そして彼らが物事についてどう考えていたのかの両方を私たちに感じさせてくれる。人々の実際の生活環境や彼らが使っていた物を見ることは、本の中で読む言葉よりもはるかに大きな影響を持つ。

　史跡をより適切に保存することは観光業を増大させることにもつながる。特に、ある場所が世界遺産に登録されると非常に多くの人々が訪れるようになる。観光客がホテルなどの施設でお金を使うことで、地域経済が大いに活性化される。

　史跡を保存するのに多額の経費がかかるように思われるが、教育と観光業にもたらされる利益はこうした費用をはるかに上回る。

DAY 7
ミニ模試

筆記試験・リスニングテスト

今日の課題

[目標解答時間：20 分＋リスニング]

1 *To complete each item, choose the best word or phrase from among the four choices.*

（1） After inspecting the old dam, engineers reported that urgent measures to (   ) it were needed. Without them, the dam could collapse.

     1 refund   **2** relay   **3** reinforce   **4** reserve

（2） Humans were mostly hunters and gatherers until the (   ) of plants and animals. Now, most cultures grow crops and raise animals for food.

     1 adhesion   **2** outburst

     3 domestication   **4** recruitment

（3） After the general surrounded the city with his troops, he demanded the (   ) surrender of the enemy.

     1 unconditional   **2** deceptive

     3 unfaithful   **4** primitive

（4） Liz is finding it tough to follow her diet. She constantly (   ) chocolate and cannot stop eating it between meals.

     1 pierces   **2** craves   **3** endorses   **4** comprises

（5） When Horst dropped his plate on the floor, it broke into many small (   ). He cleaned them all up carefully so that he would not step on one and hurt his foot.

     1 fragments   **2** diagrams   **3** monarchs   **4** novelties

(6) As Sam sat on the tropical beach, all of the stress from his job seemed to (   ), and he was able to relax and enjoy his vacation.

1 fall away   **2** cut in   **3** fire up   **4** try out

(7) Kevin realized his long years of service to the company did not (   ) anything when he was suddenly fired as part of a cost-cutting measure.

1 count for   **2** go back on   **3** sell out   **4** do away with

2 *Read each passage and choose the best word or phrase from among the four choices for each blank.*

What Happened on Easter Island?

The South Pacific island of Rapa Nui, more commonly known as Easter Island, is famous for the hundreds of enormous stone figures called *moai* found throughout its landscape. The *moai* are a reminder of a sophisticated culture that had almost completely disappeared by the time the first European explorers arrived in 1722. The traditional explanation for this disappearance is that (**8**).

According to this theory, the inhabitants had been making fishing canoes from the island's trees, but eventually all the trees were cut down and people had to depend on farming alone. Because agricultural technology and rich soil were lacking on the island, however, the land could not support everyone, and competition for the remaining food supply turned violent. This is evidenced by thousands of sharp glass objects thought to be parts of weapons found throughout the island. (**9**), the population fell from around 15,000 in 1600 to only a few thousand in 1722.

Archaeologists Carl Lipo and Terry Hunt, however, believe the people of Rapa Nui lived sustainably until the arrival of the Europeans. They say the glass objects were likely agricultural tools, and not weapons as generally assumed. Furthermore, analyses of human, animal, and plant remains at two archaeological sites independently show that around half the protein in the inhabitants' diet continued to come from marine sources. This indicates that the people (**10**) growing crops on land. Although exactly what happened to Rapa Nui society is still a mystery, the idea that the inhabitants were to blame now appears doubtful.

(8) 1 there was conflict over resources
2 climate change caused food shortages
3 the islanders knew they were coming
4 the moai attracted dangerous outsiders

(9) 1 Instead
2 On the other hand
3 Consequently
4 Even so

(10) 1 had gotten used to
2 had not become skilled at
3 decided to focus mainly on
4 were not entirely dependent upon

DAY 1
DAY 2
DAY 3
DAY 4
DAY 5
DAY 6
DAY 7
DAY 8
DAY 9
DAY 10

3 *Read each passage and choose the best answer from among the four choices for each question.*

Pollution in Portland

In 2015, when the Oregon Department of Environmental Quality (DEQ) conducted air-quality tests in the city of Portland to monitor pollution from cars, fuel burning, construction, and industry, it found that concentrations of toxic metals such as cadmium and arsenic were three to six times higher than levels considered safe. However, it could not determine the origin of the metals. The US Forest Service therefore recommended that the DEQ utilize *Orthotrichum lyellii*, a carpet-like green moss that commonly grows on Portland's trees. This low-growing plant absorbs its nutrients from the air but takes in pollutants at the same time, storing them in its cells. Measuring the amount and type of toxic substances in the moss is therefore an easy way to identify and trace airborne environmental threats.

Analysis of 350 moss samples from trees around Portland helped the DEQ narrow down the highest pollutant concentrations to the area around two glass factories. At high levels, the cadmium, arsenic, and other substances used to make colored glass have been linked to serious health issues, including cancers and other diseases. In spite of this, the DEQ did not take immediate steps to address the issue, but instead waited five months to conduct further tests. Although these tests supported the prior findings, no action was taken to stop or reduce emissions from the factories until local media reported on the story. When asked why it was allowing the factories to freely release toxins into the city's air, the DEQ replied that Oregon lacked state laws to stop them. According to the DEQ, it could only enforce federal laws, which require testing and pollution control only if a facility emits more than 10 tons of a single pollutant each year. The glass factories, along with other small-scale polluters such as car body shops, fell under this limit.

After some time, the two glass factories and the DEQ took action to deal with the problem. Both factories voluntarily stopped using arsenic and cadmium, and levels in the local environment fell. The DEQ established a set of glass-manufacturing rules that called for improved emissions monitoring. However, without using arsenic, cadmium, and other metals required for their products, it became increasingly difficult for the glass factories to operate. One of them eventually relocated to Mexico, and the remaining facility struggled because of a 30 percent drop in production. That factory eventually installed filters on its furnaces so it could return to making its full line of colored glass while keeping toxins out of the atmosphere.

(11) How was *Orthotrichum lyellii* useful to the city of Portland, Oregon?

　1　Samples of it gave authorities data they needed to locate the source of toxic chemicals in the city's air.

　2　Analyzing its growth patterns helped authorities understand why many of the city's trees were not properly absorbing nutrients.

　3　The city was able to reduce levels of pollutants by removing it from hundreds of trees it was found growing on.

　4　The US Forest Service helped the city grow it in two locations in order to absorb pollutants in the air.

(12) What reason did the Oregon Department of Environmental Quality give for its response to the pollution findings?

　1　Pressure from political groups had forced it to delay taking action against the factories.

　2　Strict state laws regulating levels of pollution conflicted with a federal law that was created to protect businesses.

　3　Additional tests revealed emissions were not causing the high rates of cancer and other diseases among residents.

　4　The factories were releasing pollutants in amounts that were too small to be covered by existing regulations.

(13) What do we learn about the glass factories?

1 They both reduced production by 30 percent, but only one could prove the air quality in nearby areas had improved.

2 Only one of them obeyed a law made by the city requiring the toxic metals it used to be replaced with safer substances.

3 They both took action to reduce pollution, but only one of them remained in the city of Portland.

4 Only one of them could continue production, as the other closed down because it was unable to compete with Mexican glass.

There are three parts to this listening test.

Part 1	Dialogues: 1 question each	Multiple-choice
Part 2	Passages: 2 questions each	Multiple-choice
Part 3	Real-Life: 1 question each	Multiple-choice

Part 1

◀ 39 >>> 41

No. 1
1 The store would not give him a replacement camera.
2 The manufacturer did not repair his camera properly.
3 The store did not have the same camera in stock.
4 The warranty on his camera did not cover the repairs.

No. 2
1 He is looking for a new apartment.
2 He is saving money for medical school.
3 He does not want to get further into debt.
4 He cannot afford to pay his rent.

No. 3
1 Look for a different dress.
2 Purchase the shoes at the regular price.
3 Wait until both items are on sale.
4 Buy only the cocktail dress.

Part 2

◀42

No. 4
1 To test new road-building materials.
2 To promote cars as a form of transportation.
3 Because other highways were dangerous to drive on.
4 Because train travel was very expensive.

No. 5
1 It did not connect to their cities.
2 The vehicles that used it were too noisy.
3 It took too long to construct.
4 They had to pay to drive on it.

◀43

No. 6
Situation: You have ordered a white refrigerator. You do not want a different color or size, and you cannot afford to spend more money. You receive a voice mail from the store.

Question: What should you do?

1 Wait for a month.
2 Buy last year's model.
3 Order the other maker's fridge.
4 Schedule delivery for the end of the week.

■ 正解一覧

筆記試験

1 |(1)|(2)|(3)|(4)|(5)|
|---|---|---|---|---|
| 3 | 3 | 1 | 2 | 1 |

(6)	(7)
1	1

2 |(8)|(9)|(10)|
|---|---|---|
| 1 | 3 | 4 |

3 |(11)|(12)|(13)|
|---|---|---|
| 1 | 4 | 3 |

リスニングテスト

1 | No. 1 | No. 2 | No. 3 |
|---|---|---|
| 1 | 3 | 4 |

2 | No. 4 | No. 5 |
|---|---|
| 2 | 1 |

3 | No. 6 |
|---|
| 1 |

■ 訳と解説

筆記 1 短文の語句空所補充

（1） 正解 **3**

> **訳** 古いダムを検査した後、エンジニアはそれを補強するための緊急の対策が必要だと報告した。そうしなければ、ダムは崩壊する可能性がある。
>
> **1** 返金する   **2** 中継する   **3** 補強する   **4** 留保する

> **解説** 第 2 文でそうしなければ the dam could collapse（ダムは崩壊する可能性がある）と書かれているので、必要とされる urgent measures（緊急の対策）は 3 reinforce（補強する）ことだと考えらえる。

（2）　正解　3

訳　人間は植物と動物を飼育栽培するまでは大かた狩猟採集民だった。現在、ほとんどの文化で食料を得るために作物が育てられ、動物が飼育されている。

1 粘着　　　　　**2** 爆発　　　　　**3** 飼育栽培　　　**4** 募集

解説　第 2 文に現在は most cultures grow crops and raise animals for food（ほとんどの文化で食料を得るために作物が育てられ、動物が飼育されている）とある。人間が hunters and gatherers（狩猟採集民）だったのは、そのようになる以前、つまり動植物の 3 domestication（飼育栽培）が始まるまでだったはずだ。

（3）　正解　1

訳　将軍は自分の部隊で町を包囲すると、敵に無条件降伏を要求した。

1 無条件の　　　**2** 虚偽の　　　　**3** 不誠実な　　　**4** 原始的な

解説　将軍が敵に要求することは何かを考える。優勢な状況下なので、1 を選んで the unconditional surrender（無条件降伏）とすれば文意が通る。demand A of B（B に A を要求する）は重要表現なので覚えておこう。

（4）　正解　2

訳　リズはダイエットを続けるのが難しいと分かってきた。彼女は常にチョコレートを食べたくなり、食事の合間に食べるのをやめられない。

1 穴を開ける　　**2** 切望する　　　**3** 支持する　　　**4** 〜で構成される

解説　リズについてダイエットを続けるのが tough（難しい）と書かれている。チョコレートは、本来なら食べるべきではないのだが第 2 文で stop eating it between meals（食事の合間に食べるのをやめる）ということができないとあるので、2 craves（切望する）が適合する。

（ 5 ） 正解　1

訳　ホルストが自分の皿を床に落としたとき、割れてたくさんの小さな破片が飛び散った。彼は破片を踏んで足に怪我をしないようにそれらをすべて慎重に掃除した。

1　破片　　　　　　　2　図式　　　　　　　3　君主　　　　　　4　目新しさ

解説　Horst dropped his plate on the floor（ホルストが自分の皿を床に落とした）とあるので、その皿は割れて粉々になったはずだ。1 fragments（破片）が空所に適合し、第 2 文の内容とも自然につながる。

（ 6 ） 正解　1

訳　サムは熱帯のビーチに座っていると仕事のストレスがすべて消えていくように感じて、リラックスして休暇を楽しむことができた。

1　消え失せる　　　2　割り込む　　　　　3　作動させる　　　4　試用する

解説　サムについて he was able to relax and enjoy his vacation（リラックスして休暇を楽しむことができた）とあるので、the stress from his job（仕事のストレス）から解放されたのだと分かる。disappear（消える）と意味的に近い 1 fall away が正解。

（ 7 ） 正解　1

訳　ケビンは突然経費削減策の一環として解雇されたとき、会社への彼の長年の奉仕が何の意味もなかったことに気付いた。

1　〜に値する　　　2　〜を撤回する　　　3　〜を売り切る　　4　〜を廃止する

解説　ケビンについて he was suddenly fired（彼は突然解雇された）とあるので、his long years of service to the company（会社への彼の長年の奉仕）が軽視されたのだと分かる。1 count for（〜に値する）を入れて、did not count for anything（何の意味もなかった）とすれば文意が通る。

イースター島で何が起こったのか

　南太平洋のラパ・ヌイ島は、より一般的にはイースター島として知られるが、その風景の至る所で見られるモアイと呼ばれる何百もの巨大な石像で有名だ。モアイは、1722 年にヨーロッパの最初の探検家が到着するまでにほぼ完全に消滅していた洗練された文化を思い起こさせる。この文化の消失の理由についての従来の説明は、資源をめぐる対立があったということだ。

　この説によると、住民は島の木で釣り用のカヌーを作っていたが、最終的にすべての木が伐採され、人々は農業だけに頼らざるを得なくなった。しかし、島には農業技術と豊かな土壌がなかったので、土地が全ての人を養いきれず、残った食糧を手に入れようとする競争が暴力的なものになった。これは、島中で見つかった武器の一部だと考えられている何千もの鋭いガラスの物体によって証明される。その結果、人口は 1600 年に約 15,000 人だったが 1722 年にはわずか数千人にまで減少した。

　しかし、考古学者のカール・リポとテリー・ハントは、ラパ・ヌイの人々はヨーロッパ人の到来まで暮らしを維持していたと信じている。彼らは、ガラスの物体はおそらく農業道具で、一般に考えられているような武器ではなかったと言う。さらに、2 つの遺跡での人間、動物、そして植物の残留物の分析は、住民の食事に含まれるタンパク質の約半分が海洋資源に由来し続けているということをそれぞれ示している。これは、人々が陸上での作物の栽培に完全に依存していたわけではなかったことを示すものだ。正確にラパ・ヌイ社会に何が起こったのかは依然として謎だが、住民に責任があるという考えは今では疑わしいようだ。

（8） 正解　1

選択肢の訳　1　資源をめぐる対立があった
　　　　　　2　気候変動が食料不足を引き起こした
　　　　　　3　島民は彼らがやってくると知っていた
　　　　　　4　モアイが危険な部外者を呼び寄せた

解説　空所の内容を受けて、第2パラグラフ第1文が According to this theory（この説によると）で始まっていることに注目する。farming alone（農業だけ）に頼るようになったが、その技術と土壌に恵まれず competition for the remaining food supply turned violent（残った食糧を手に入れようとする競争が暴力的なものになった）と第2文にある。

（9） 正解　3

選択肢の訳　1　その代わりに
　　　　　　2　その一方で
　　　　　　3　その結果
　　　　　　4　それでも

解説　第2パラグラフの空所の前では食糧をめぐる争いが起きて武器も見つかっていると説明されている。空所の後では the population fell（人口が減少した）とあるので、因果関係を表す 3 Consequently（その結果）が適合する。

（10） 正解　4

選択肢の訳　1　～に慣れていた
　　　　　　2　～に熟練していなかった
　　　　　　3　主に～に重点を置くことにした
　　　　　　4　～に完全に依存していたわけではなかった

解説　空所を含む文の主語 This は、住民の食事に含まれるタンパク質の約半分が marine sources（海洋資源）に由来していたという前文の内容を指す。食料調達の手段が growing crops on land（陸上での作物の栽培）だけではなかったということなので、4 not entirely dependent（～に完全に依存していたわけではなかった）が正解。

ポートランドの公害

　2015 年、オレゴン州環境品質局 (DEQ) がポートランド市で車、燃料燃焼、建設、産業からの汚染を監視するために大気質試験を実施したところ、カドミウムやヒ素などの有毒金属の濃度が安全と見なされる値よりも 3 倍から 6 倍も高いことがわかった。しかし、金属の出どころを特定することはできなかった。そのため、アメリカ森林局は、ポートランドの木々によく生えているカーペット状の緑色の苔の一種、ライエルタチヒダゴケを利用することを DEQ に推奨した。この丈の低い植物は空気中から栄養素を吸収するが、同時に汚染物質も取り込んで細胞の中に貯蔵する。そのため、コケの中の有毒物質の量と種類を測定することが、空気伝達される環境上の脅威を特定し追跡するための簡単な方法となるのだ。

　ポートランド周辺の樹木から採取した 350 のコケのサンプルの分析によって、DEQ は汚染物質の濃度が最も高い範囲を 2 つのガラス工場周辺の地域に絞り込むことができた。着色ガラスを製造するために使用されるカドミウム、ヒ素などの物質は、高濃度のときに癌などの病気を含む深刻な健康問題と関係づけられている。それにもかかわらず、DEQ は直ちにこの問題に取り組むための措置を講じるのではなく、さらに試験を実施するために 5 か月待った。これらの試験は先行する調査結果を裏付けるものだったが、地元のメディアがこの話について報じるまで工場からの排出を停止したり削減したりするための行動はとられなかった。DEQ は、なぜ工場が有毒物質を都会の大気中に垂れ流しにしているのを許可しているのかを尋ねられると、オレゴン州にはそれらを止めるための州法がないのだと回答した。DEQ によれば、施行できるのは連邦法だけで、それも試験と汚染の抑制を要求できるのは施設が単一汚染物質を毎年 10 トン以上排出している場合のみだ。ガラス工場は、車体工場のような他の小規模な汚染源と共に、この制限を下回っていた。

　しばらくして、2 つのガラス工場と DEQ が問題に対処するための行動をとった。2 つの工場とも自主的にヒ素とカドミウムの使用をやめると、地域環境の数値が下がった。DEQ は排出量監視の改善を要求する一連のガラス製造規則を制定した。しかし、製品に必要なヒ素やカドミウムなどの金属を使用しないことで、ガラス工場の操業はますます困難になった。そのうちの 1 つは最終的にメキシコに引っ越し、残りの施設は生産が 30 パーセント減少したために苦労した。その工場は、有毒物質を大気中に出さないようにしながら全ての種類の着色ガラスの製造に戻れるよう、最終的にフィルターを溶鉱炉に設置した。

(11) **正解** 1

訳 ライエルタチヒダゴケはオレゴン州ポートランド市にとってどのように役に立ったか。

1 そのサンプルが、市の空気中に含まれる有毒化学物質の発生源を特定するのに必要なデータを当局に提供した。

2 その成長パターンを分析することで、市の多くの木がなぜ栄養素を適切に吸収しないのかを当局が理解できるようになった。

3 コケが生えていた何百本もの木からコケを除去することによって、市は汚染物質の値を減らすことができた。

4 アメリカ森林局は、大気中の汚染物質を吸収するようにと市が2つの場所でそれを栽培する支援をした。

解説 第1パラグラフ第4文で This low-growing plant（この丈の低い植物）、すなわちライエルタチヒダゴケは pollutants（汚染物質）も取り込んで貯蔵すると説明されている。第5文でこのコケに含まれる有毒物質の量と種類を測定することで airborne environmental threats（空気伝達される環境の脅威）について調査できるとあるので、1が内容的に一致する。

(12) **正解** 4

訳 汚染の調査結果に対する対応について、オレゴン州環境品質局はどのように説明したか。

1 政治団体からの圧力により、工場に対する措置を遅らせることを余儀なくされた。

2 汚染レベルを規制する厳格な州法が、企業を保護するために作成された連邦法と相反していた。

3 追加の試験では、排出物質が住民の間で癌などの病気の高い発生率をもたらしていないことが明らかなった。

4 工場は汚染物質を放出していたが、量が少なすぎて既存の規制では対応できなかった。

解説 第2パラグラフ第5文によると、オレゴン州の DEQ は有害物資の放出を制限できるような state laws（州法）がないと答えている。第6文に法律が適用されるのは汚染物質の量が10トン以上の場合とあるが、続く第7文に The glass factories ... fell under this limit（ガラス工場はこの制限を下回っていた）とあるので同じ内容の4が正解。

正解　3

> 訳　ガラス工場について何がわかるか。

1 2つとも生産量を30%削減したが、近隣地域の大気質が改善したと証明できたのは1つだけだった。
2 1つだけが、使用していた有毒金属のかわりにより安全な物質を使うように要求する市の法律に従った。
3 2つとも汚染を減らすための行動をとったが、そのうち1つだけがポートランド市に残った。
4 1つだけが生産を続けることができたが、もう1つはメキシコ製のガラスと競合できなかったため閉鎖された。

> 解説　第3パラグラフ第2文で2つのガラス工場が arsenic and cadmium（ヒ素とカドミウム）の使用をやめたとあるが、第4文でそのために操業が難しくなったと書かれている。その結果、第5文で One of them eventually relocated to Mexico（そのうち1つは最終的にメキシコに引っ越した）とあるので、まとめとして3が選べる。

No. 1

◀39

スクリプト

W: How's that new camera you bought, Rasheed?

M: Not so good, Sara. The autofocus stopped working three days after I got it. It's under warranty, though.

W: Did the store give you another camera?

M: Actually, they sent it to the manufacturer for repair.

W: Really? Stores normally replace brand-new items that don't work properly.

M: I know. I complained about that, but they said it was store policy.

Question: Why did Rasheed complain?

訳　**女性**：ラシード、新しく買ったカメラはどう？

男性：あんまり良くないんだ、サラ。買った3日後にオートフォーカスが作動しなくなったんだよ。保証期間中だけどね。

女性：店から別のカメラをもらわなかったの？

男性：実は、店がメーカーに修理に出したんだ。

女性：本当？ 普通きちんと作動しない新品の商品はお店が交換してくれるけど。

男性：そうなんだけどね。苦情を言ったけど、これが店の方針だって言われたよ。

質問：ラシードはなぜ文句を言っているのか。

正解　1

選択肢の訳　1　店は彼にカメラの交換品を渡さなかった。
2　製造元がきちんとカメラを修理しなかった。
3　店には同じカメラの在庫がなかった。
4　修理は彼のカメラの保証の対象外だった。

解説　ラシードは最後にI complained about that（苦情を言った）と言っているが、このthatは女性のStores normally replace brand-new items that don't work properly（普通きちんと作動しない新品の商品はお店が交換してくれる）という発言を受けている。店がそのような対応をしてくれなかったということなので、1が内容的に一致する。

No. 2

◀40

スクリプト

W: Hi, Joe. I heard you bought a new apartment.

M: Not quite. I moved into a new place, though.

W: Oh, so you're just renting?

M: Yes. I don't think I'll be able to buy a place anytime soon.

W: I know what you mean. I couldn't buy my condo until I'd paid off my college loans.

M: That's my plan, too. I aim to pay off my current loans before even considering taking out any more.

W: Well, that shouldn't take too long now that you're a doctor.

Question: What do we learn about the man?

訳　女性：こんにちは、ジョー。新しいアパートを買ったって聞いたけど。

男性：ちょっと違うな。新しい所に引っ越したけどね。

女性：ああ、それじゃあ、賃貸なの？

男性：そうだよ。すぐに土地を買えるようになるとは思ってないからね。

女性：言いたいことは分かるわ。私も大学のローンを返済するまで分譲マンションを買えなかったから。

男性：僕もその計画なんだ。これ以上のお金の借り入れを検討する前に、今のローンの返済を目指しているんだ。

女性：そうね、あなたは医者なんだから、そんなに時間はかからないでしょう。

質問：男性について何が分かるか。

正解　3

選択肢の訳　1　新しいアパートを探している。

2　医学部に通うため貯金している。

3　さらに借金をしたくない。

4　家賃を払う余裕がない。

解説　男性はアパートを購入したという噂を否定し、女性の発言を受けて taking out any more（これ以上のお金を借り入れる）よりも to pay off my current loans（今のローンを返済する）を優先すると述べている。これを簡潔に言い換えた 3 が正解。

No. 3

スクリプト

M: That'll be $224.99, ma'am.

W: Did you take 30 percent off for the coupon I gave you?

M: Yes, for the cocktail dress, since it's full price. The shoes are already on sale, so you can't use your coupon for those.

W: Oh. Well, the total is more than I can spend, so I'll pass on the shoes.

M: How about the dress?

W: I'll take that.

Question: What does the woman decide to do?

> **訳** 男性：お客様、それでは 224.99 ドルになります。
> 　　女性：お渡ししたクーポンで 30 パーセントオフになったんでしょうか？
> 　　男性：はい、定価ですのでカクテルドレスは値引きいたしました。靴はすでに
> 　　　　　セール品ですので、クーポンはご利用いただけません。
> 　　女性：あら。それなら、合計で利用できる金額以上になるので、靴はやめてお
> 　　　　　きます。
> 　　男性：ドレスはどういたしますか？
> 　　女性：それは購入します。
> 　　質問：女性は何をすることにしたか。

正解 4

> **選択肢の訳** 1 別のドレスを探す。
> 　　　　　　2 通常価格で靴を買う。
> 　　　　　　3 両方の商品がセール品になるまで待つ。
> 　　　　　　4 カクテルドレスだけを買う。

> **解説** 買い物客の女性と男性店員の会話だ。セール品の靴が割引対象にならないこ
> とを告げられ、女性は I'll pass on the shoes（靴はやめておきます）と言っ
> ているが、ドレスについては I'll take that（それは購入します）と述べている
> ので、4 が正解。

No. 4 ～ No. 5　　　　　　　　　　　　　　　　　　　　◀42

スクリプト

The Lincoln Highway

During the early days of automobiles in the US, railroads were the main form of long-distance transportation, and automobiles were usually seen as expensive luxuries. However, in 1913, a group of automobile manufacturers began building the first coast-to-coast road, the Lincoln Highway. They hoped that this highway, which went from New York to San Francisco, would show consumers that automobiles were practical for getting around the country.

The Lincoln Highway was expensive to construct, so the builders looked for the shortest route possible. Because of this, the highway did not go to some large cities, which upset the residents of those places. The builders, however, believed the most important thing was to get the highway built. They knew that connecting roads could be easily constructed later. In time, the Lincoln Highway became the most famous road in the US and greatly improved the country's transportation system.

Questions

No. 4　Why was the Lincoln Highway built?

No. 5　Why were some people upset about the Lincoln Highway?

訳

リンカーン・ハイウェイ

アメリカで自動車が登場したばかりの頃は、鉄道が長距離輸送の主な形態で、自動車は通常高価な贅沢品と見られていた。しかし、1913年に自動車製造会社のグループが最初の大陸横断道路であるリンカーン・ハイウェイの建設を始めた。ニューヨークからサンフランシスコまで続くこの高速道路が、国中を移動するのに自動車が実用的であることを消費者に示すだろうと彼らは望んでいた。

リンカーン・ハイウェイは建設するのに費用がかかったので、建設業者は可能な限り最短ルートを探した。このため、高速道路はいくつかの大都市には行かなかったので、それらの場所の住民は困惑した。しかし、建築者達は最も重要なことは高速道路を建設することだと信じていた。彼らは連絡道路が後で簡単に建設できることがわかっていたのだ。やがて、リンカーン・ハイウェイはアメリカで最も有名な道路となり、国の輸送システムを大いに改善した。

No. 4

正解 2

質問の訳 リンカーン・ハイウェイはなぜ建設されたのか。

選択肢の訳 1 新しい道路建設資材を試すため。
2 輸送手段として自動車を宣伝するため。
3 他の高速道路では運転が危険だったから。
4 電車での旅行がとても高かったから。

解説 自動車製造会社が、初のリンカーン・ハイウェイを建設することで automobiles were practical for getting around the country.（国内移動に自動車が実用的であること）を示そうとしていたと述べられている。内容的に 2 が一致する。

No. 5

正解 1

質問の訳 一部の人たちがリンカーン・ハイウェイに困惑したのはなぜか。

選択肢の訳 1 自分の都市とつながっていなかった。
2 道路を使った車があまりにもうるさかった。
3 建設に時間がかかり過ぎた。
4 道路で運転するためにお金を支払わなければいけなかった。

解説 the highway did not go to some large cities, which upset the residents of those places（高速道路はいくつかの大都市には行かなかったので、それらの場所の住民は困惑した）と述べられている。この内容を簡潔に言い換えた 1 が正解。

No. 6

スクリプト

You have 10 seconds to read the situation and Question No. 6.

This is Barry from Littlewood Electrical Store. I'm very sorry, but the white refrigerator you ordered is no longer in stock at our warehouse. We can get the same model to you in silver by the end of the week, or you could get the white one in about a month. Last year's model is still available in white, but it doesn't have the extra storage space that you said you need. We also have a high-end white fridge from a different maker. That is usually $300 more, but considering all the trouble, I could sell it to you for just $150 more.

Now answer the question.

訳 10 秒で現在の状況と質問 No. 6 を読んでください。

リトルウッド電機のバリーです。大変申し訳ございませんが、お客様の注文した白い冷蔵庫は倉庫に在庫がありませんでした。同じモデルのシルバーでしたら週の終わりまでにお客様にご用意できますが、1 ヶ月ほどお待ちいただければ白いモデルをお届けできます。昨年のモデルでしたらまだ白色がございますが、お客様が必要とおっしゃっていた追加の貯蔵スペースがありません。別のメーカーの最高級の白い冷蔵庫もございます。通常はプラス 300 ドルですが、今回の問題を考慮して 150 ドルだけ追加いただければご提供することが可能です。

それでは解答してください。

正解 1

状況の訳 あなたは白い冷蔵庫を注文した。あなたは他の色や大きさを希望せず、さらにお金を使う余裕もありません。店からボイスメールを受けとった。

質問の訳 あなたは何をするか。

選択肢の訳 1 1ヶ月間待つ。
2 昨年のモデルを購入する。
3 他のメーカーの冷蔵庫を注文する。
4 配達の予定を週末に設定する。

解説 別の冷蔵庫を紹介されているが、どれも希望している色や予算などに適合しない。you could get the white one in about a month（1ヶ月ほどお待ちいただければ白いモデルをお届けできます）という発言から、すでに注文済みの商品の到着を待つしかないことが分かる。

DAY 8

ミニ模試

筆記試験・リスニングテスト

[目標解答時間：20 分＋リスニング]

目標解答時間 ＞ 20分

1　*To complete each item, choose the best word or phrase from among the four choices.*

(1) Victor has begun to feel (　　　) of his long commute to work. He says he will look for an apartment closer to his office.

   1 weary　　　**2** verified　　　**3** cheery　　　**4** rash

(2) A strong storm hit the small island nation last week. Luckily, there were no (　　　), but 11 people received minor injuries and were treated at hospitals.

   1 sculptures　　**2** boundaries　　**3** columns　　**4** fatalities

(3) A: Can I get this pain-relief medicine over the counter? My prescription ran out.
   B: No. Only a licensed pharmacist can (　　　) that drug. You'll have to get your prescription renewed.

   1 repeal　　　**2** diminish　　　**3** hinder　　　**4** dispense

(4) The data-security consultant warned that the company's computers were (　　　) to virus attacks and needed to be made safer.

   1 vulnerable　　**2** instructive　　**3** stale　　　**4** genuine

(5) Leaders in both countries hope the newly signed peace (　　　) will not be broken. No one wants the fighting to carry on any longer.

   1 creek　　　**2** accord　　　**3** venue　　　**4** estate

（6）The company president said that due to the severe drop in sales, he felt (　　　) to cut the number of staff.

1 publicized　　**2** amended　　**3** devised　　**4** compelled

（7）Before the couple (　　) on their three-day hike in the wilderness, they made sure they had enough food and water.

1 fastened　　**2** embarked　　**3** dictated　　**4** applauded

（8）To the teacher's surprise, most students performed (　　　) well on the exam. She had expected more of them to struggle with the difficult questions.

1 abruptly　　　　　　　**2** humorously
3 exceptionally　　　　　**4** sarcastically

（9）Marsha is extremely busy with her job, but she always makes sure to (　　　) time for her children in the evening.

1 roll up　　**2** stay off　　**3** miss out　　**4** set aside

（10）A: Alexandra, did you (　　　) for the encore at the concert last night? I had to leave a bit early.
　　 B: I did, Ben. The group performed three more songs, which was great!

1 stick around　　　　　**2** step down
3 play up　　　　　　　**4** take off

Read each passage and choose the best answer from among the four choices for each question.

Debating a Teaching Approach

In recent decades, teachers wanting to break away from traditional classroom methodologies have altered their teaching approach to conform to the "learning styles" of their students. The idea is that students learn better when they are taught in a way that corresponds with their preferred style. For example, "visual learners" can comprehend information more easily when they are presented with diagrams or illustrations, whereas other students may learn more easily through listening, or by working with their hands.

The practice of categorizing students by learning style has caught on: 96 percent of teachers surveyed recently said they believed in the idea. It is not difficult to see why such a system would be attractive to teachers seeking to better meet their students' needs. The theory has also been embraced by parents whose children are struggling in school – the idea that their child may perform poorly on written tests because they are actually "picture smart" or "music smart" is appealing. As the learning-styles theory has grown in popularity, dozens of supposed styles have been identified, and an entire industry has grown up around the idea, with conferences being held across the world and libraries offering materials intended to help educators teach different types of learners.

One would think that a method with such a significant influence on classroom approaches would have extensive research behind it. However, there is little solid proof that teaching to a student's strengths is an effective practice. In fact, researchers have found major flaws in methods used to quantify learning styles. The idea is based on the classification of people into specific types of learners, but studies have found very little evidence that people actually fall into distinct groupings in this way. "I think as a purely reflective exercise, just to get you thinking about your study habits, [learning styles] might have a benefit," says Polly Husmann, an assistant professor at Indiana University School of Medicine. "But the way we've been categorizing these learning styles doesn't seem to hold up."

While students often express and demonstrate preferences for specific methods, studies show that what actually helps them learn better is for the educator to ensure the teaching approach suits the material being taught. University of Virginia professor Daniel Willingham says, "People's alleged learning styles don't count for anything in accounting for task performance, but the effect of a strategy on a task is huge." Learning a new language, for example, is easier when the material is reviewed verbally, but math concepts such as geometry are better suited to visual methods. In addition, all students can benefit from lessons that combine different approaches to make material easier to understand. For example, a math teacher can encourage students to listen, read, and draw diagrams to solve problems. The current focus on matching teaching methods to specific types of learners has taken such a hold, however, that Willingham believes the only way to counter it is to revise the textbooks on educational theory. Only when the theory of learning styles is no longer presented as a valid educational approach will it disappear from the classroom.

DAY 1
DAY 2
DAY 3
DAY 4
DAY 5
DAY 6
DAY 7
DAY 8
DAY 9
DAY 10

(11) The author of the passage mentions "visual learners" in the first paragraph to

1 help explain the theory that including visual study materials in every subject taught at school is beneficial for all students.

2 offer an example that shows why presenting students with too many visual aids can weaken their listening and verbal skills.

3 illustrate the concept that each student has a favored method of acquiring new information and learns better in response to it.

4 show that most students want educators to keep utilizing traditional methods of teaching certain subjects.

(12) What is one reason some parents support the learning-styles theory?

1 It implies that their child may possess special skills or abilities that are not reflected in their performance on written tests.

2 It encourages their child to apply a range of different approaches when solving problems outside of the classroom.

3 It allows them to take part in their child's school life even if they themselves have an academic history of performing poorly on tests.

4 It has been shown to noticeably improve a child's ability in subjects such as art or music.

(13) According to researchers, the learning-styles theory

1 has been misused by teachers, who have failed to use it to separate students into groups based on their study habits.

2 could be improved by expanding the definitions of individual learning styles to include a wider variety of learners.

3 has been adopted by instructors in spite of a lack of evidence that shows such styles actually exist.

4 gained popularity only after data showed that its application by teachers results in increased academic achievement by students.

(14) What point is supported by Daniel Willingham's statement?

1 The match between the material being taught and the teaching approach matters more than teaching to students' preferred learning styles.

2 If the idea of learning styles continues to gain acceptance, there will likely be major changes to textbooks on educational theory.

3 The connection between textbooks on educational theory and actual methods used by teachers is not clear enough.

4 Mathematics is one area where teachers should make the effort to change their teaching style based on students' preferences.

There are three parts to this listening test.

Part 1	Dialogues:	1 question each	Multiple-choice
Part 2	Passages:	2 questions each	Multiple-choice
Part 3	Real-Life:	1 question each	Multiple-choice

Part 1

◀ 44 >>> 46

No. 1

1 Start practicing for his speech.
2 Calculate how long the presentation will take.
3 Finish preparing the materials for their talk.
4 Present the budget proposal.

No. 2

1 Claire was late arriving at the airport.
2 Claire's flight was canceled.
3 Claire lost her wallet this morning.
4 Claire could not get another flight today.

No. 3

1 Snow has been forecast for today.
2 He does not like cold weather.
3 The trails might be dangerous.
4 His leg is still sore.

No. 4

1 Snakes existed earlier than previously thought.
2 Lizards and snakes had a similar diet.
3 Snakes were more dangerous in the past.
4 Lizards' jaws used to be larger.

No. 5

1 The analysis results got mixed up.
2 The bones had been damaged by other animals.
3 The skeletons were missing some bones.
4 They included bones of prey animals.

Part 3
◀ 48

No. 6

Situation: A do-it-yourself bookshelf kit you bought recently is missing some screw holes. You want to keep the bookshelf and do not want to pay more money. You call the store.

Question: What should you do?

1 Wait for a new unit to be available.
2 Get holes put in at the store.
3 Make sure you have the receipt.
4 Send the whole bookshelf back to the store.

DAY 1
DAY 2
DAY 3
DAY 4
DAY 5
DAY 6
DAY 7
DAY 8
DAY 9
DAY 10

■ 正解一覧

筆記試験

1	(1)	(2)	(3)	(4)	(5)
	1	4	4	1	2

	(6)	(7)	(8)	(9)	(10)
	4	2	3	4	1

2	(11)	(12)	(13)	(14)
	3	1	3	1

リスニングテスト

1	No. 1	No. 2	No. 3
	3	4	3

2	No. 4	No. 5
	1	3

3	No. 6
	2

■ 訳と解説

筆記 1　短文の語句空所補充

(1)　正解　**1**

> **訳**　ビクターは長い通勤にうんざりし始めた。彼はもっと職場に近いアパートを探すつもりだと言っている。
>
> 1 うんざりした　　2 検証済みの　　3 陽気な　　4 無謀な
>
> **解説**　第 2 文によると彼＝ビクターは an apartment closer to his office（もっと職場に近いアパート）を探すということなので、his long commute（長い通勤）に対しては否定的な気持ちだろうと推測できる。1 weary（うんざりしている）が適合する。

(2)　正解　**4**

> **訳**　先週、その小さな島国は強い嵐に見舞われた。幸いなことに死者はいなかったが、11 人が軽傷を負い病院で治療を受けた。
>
> 1 彫刻　　　　2 境界　　　　3 柱　　　　4 死者
>
> **解説**　A strong storm（強い嵐）の影響を受けたとあるが、空所前に Luckily（幸いなことに）とあるので、最悪の結果は免れたのだろうと考えられる。4 を入れて there were no fatalities（死者はいなかった）とすれば文意が通る。

（3）　**正解**　4

> **訳**　A：この痛み止めは店頭で買えますか? 処方薬が切れてしまったんです。
> B：いいえ。資格のある薬剤師しかその薬を調剤できません。処方箋を更新する必要があります。

1 廃止する　　　2 減少する　　　3 妨害する　　　4 調剤する

> **解説**　処方薬を切らした A に対して、B が You'll have to get your prescription renewed（処方箋を更新する必要があります）と言っている。Only a licensed pharmacist（資格のある薬剤師だけ）ができる行為として 4 dispense（調剤する）が選べる。

（4）　**正解**　1

> **訳**　データセキュリティのコンサルタントは、同社のコンピューターはウイルス攻撃を受けやすく、より安全にする必要があると警告した。

1 攻撃されやすい　　2 教育的な　　　3 古くさい　　　4 本物の

> **解説**　コンサルタントは the company's computers ... needed to be made safer（同社のコンピューターは…より安全にする必要がある）と警告したので、その時にはリスクが存在していたことになる。1 vulnerable（攻撃を受けやすい）が適合する。vulnerable には「（人などが）傷つきやすい」の意味もある。

（5）　**正解**　2

> **訳**　両国首脳は、新たに署名された平和協定が違反されないことを願っている。誰もこれ以上戦闘を続けたいとは思っていない。

1 小川　　　　2 協定　　　　3 会場　　　　4 不動産

> **解説**　第 2 文で No one wants the fighting to carry on any longer（誰もこれ以上戦闘を続けたいとは思っていない）とあるので、両国首脳が破られないことを願っているのは、新たに署名された 2 accord（協定）だと考えられる。

（6）

　　訳　その会社の社長は、売上高の大幅な減少によって従業員の数を減らさざるをえないと感じていると述べた。

　　　　1　公表された　　　2　修正された　　　3　考案された　　　4　～せざるをえない

　　解説　社長は the severe drop in sales（売上高の大幅な減少）があると言っているので、それと the number of staff（従業員の数）との関係を考える。4 を入れて he felt compelled to cut（～を減らさざるをえないと感じた）とすれば内容的にうまくつながる。

（7） 正解　2

　　訳　夫婦は原野での 3 日間のハイキングに出発する前に、十分な食料と水があることを確認した。

　　　　1　固定した　　　2　出発した　　　3　口述した　　　4　拍手喝采した

　　解説　第 2 文で enough food and water（十分な食料と水）があることを確認した後の夫婦の動作として 2 embarked（出発した）がふさわしい。embark はもともと「乗船する」の意味。

（8） 正解　3

　　訳　その教師が驚いたことに、ほとんどの生徒が試験で並外れて良い点を取った。彼女は難しい問題に苦労する生徒がもっと多いだろうと考えていた。

　　　　1　不意に　　　2　ユーモラスに　　　3　並外れて　　　4　皮肉なことに

　　解説　第 1 文冒頭の To the teacher's surprise（その教師が驚いたことに）という表現に注目する。第 2 文でもっと多くの生徒が to struggle with the difficult questions（難しい問題に苦労する）だろうと予想していたとあるので、生徒の点が良かったことを強調する意味で 3 exceptionally（並外れて）が適合する。

（9） 正解　4

訳　マーシャは自分の仕事で非常に忙しいが、彼女はいつも夜に子供のための時間を確保するようにしている。

1　〜を巻き上げる　　　　　　　　2　〜に近づかないようにする
3　〜を省略する　　　　　　　　　4　〜を確保する

解説　マーシャについて extremely busy（非常に忙しい）という表現があるが、その後に逆接の接続詞 but（しかし）が置かれている。通常その状況だと行うのが難しいこととして、time for her children in the evening（夜に子供のための時間）を持つようにしていると考えられる。keep の類義語の 4 set aside（〜を確保する）が正解。

（10） 正解　1

訳　A：アレクサンドラ、昨夜のコンサートはアンコールまでいたの? 僕は少し早く出ないといけなかったんだけど。
B：いたわよ、ベン。グループはさらに 3 曲演奏したんだけど、すごかったわよ。

1　居残る　　　　　　　　　　　　2　乗り物から降りる
3　〜を強調する　　　　　　　　　4　離陸する

解説　ベンは I had to leave a bit early（僕は少し早く出ないといけなかった）と述べているが、同じコンサートに行ったアレクサンドラに何か質問している。彼女はグループの演奏の感想を話しているので、the encore（アンコール）までその場を離れなかったことが分かる。したがって、1 stick around（居残る）が正解。

教育法についての議論

　最近の数十年で、伝統的な教室での教授法からの脱却を望む教師は自分の生徒の「学習スタイル」に合わせるために教育法を変えた。生徒が好むやり方に対応した方法で教えると学習効果が上がるという考えだ。たとえば、「視覚的学習者」は、図やイラストが提示されると情報を理解しやすくなるが、その一方で他の生徒は話を聞いたり手を使って作業したりすることで学習が楽になるかもしれない。

　学習スタイルで学生を分類するやり方は人気を博している。最近調査を受けた教師の96パーセントがこの考えを評価していると回答した。生徒のニーズによりよく応えようとしている教師にとって、なぜこのようなシステムが魅力的なのかを理解するのは難しいことではない。この理論は学校で苦労している子供の両親にも受け入れられている。子供が筆記試験で良い結果を出せないのは実は「視覚的に優れている」とか「音楽的に優れている」からなのだという考えが魅力的なのだ。学習スタイル理論の人気が高まるにつれて、数十もの想定されるスタイルが特定され、この考えをめぐって1つの産業がまるごと成長している。世界中で会議が開催され、図書館は教育者が異なるタイプの学習者を教えるのを補助するための教材を提供している。

　教室での授業法にこのように大きな影響を与える方法は、その背後に大掛かりな研究があると考えるだろう。しかし、生徒の長所に合わせて教えることが効果的な教授法であるという確固たる証拠はほとんどない。実際に、研究者たちは学習スタイルを数量化して表すのに使われる方法に大きな欠陥を見つけている。この考えは人を特定のタイプの学習者に分類することに基づいているが、実際に人がこのように明確に異なるグループに分類されるという証拠は研究によってほとんど明らかにされていない。インディアナ大学医学部の助教授を務めるポリー・ハスマンは、「純粋に内省的な活動として、自分の勉強習慣について考えさせるために学習スタイルは有益かもしれません」と述べている。「しかし、私たちがこれらの学習スタイルを分類してきたやり方は説得力がないように思えます。」

　学生はしばしば特定の方法に対する好みを表明したり行動で示したりするが、実際に彼らの学習を向上させるのに役立つのは教育者が教え方を教材に適合させるようにすることだ。バージニア大学のダニエル・ウィリンガム教授は、「いわゆる学習スタイルは、作業成果を説明するのに役に立たないが、作業に対する戦略の効果は非常に大きい」と述べている。たとえば、教材を言葉に出して復習すると新しい言語を学ぶのがより簡単になるが、幾何学のような数学の概念には視覚的な教授法の方が適している。さらに、すべての生徒は教材を理解しやすくするために異なる教授法を組み合わせたレッスンから恩恵を受けることができる。たとえば、数学の教師は生徒に話を聞いて、読んで、そして図を描くように促して問題を解決させることができる。しかし、現在教授法を特定のタイプの学習者に合わせることに重点を置くことがこれほどまで支配的なので、それに対抗する唯一の方法は教育理論の教科書を改定することであるとウィリンガムは考えている。学習スタイルの理論が根拠のある教育法として提示されなくなれば、この理論はようやく教室から姿を消すことになるだろう。

(11) 正解 3

訳 本文の著者が最初のパラグラフで「視覚的学習者」に言及しているのは

1 学校で教えられるすべての教科で視覚教材を取り入れるとすべての生徒にとって有益であるという理論を説明するのに役立つためだ。

2 なぜあまりにも多くの視覚教材を生徒に提示するとリスニングや言語スキルが弱まる可能性があるのかを示す例を提示するためだ。

3 それぞれの生徒には新しい情報を得るのにお気に入りの方法があり、それに応じて学習が向上するという考えを示すためだ。

4 教育者が特定の科目を教えるための従来の教授法を利用し続けることをほとんどの学生が望んでいることを示すためだ。

解説 第1パラグラフ第2文で学習効果が上がるのは a way that corresponds with their preferred style（彼ら＝生徒が好むやり方に対応した方法）で教えることだと書かれている。その具体例として" visual learners "（視覚的学習者）の場合が For example（たとえば）で始まる第3文で挙げられているので、同じ内容の3が正解。

(12) 正解 1

訳 一部の親が学習スタイル理論を支持する1つの理由は何か。

1 子供が筆記試験での成績に反映されていない特別なスキルや能力を持っている可能性があることを示唆する。

2 教室の外で問題を解決するときにはさまざまなアプローチをとるように子供たちに勧める。

3 彼ら自身が試験の成績が悪かったという学業状の経歴を持っていても、子供たちの学校生活に参加することを可能にする。

4 芸術や音楽などの科目における子供の能力を著しく向上させることが証明されている。

解説 第2パラグラフ第3文で、学校の成績が良くない子どもの親にこの理論が embraced（受け入れられている）のは、彼らが自分の子どもは actually " picture smart " or " music smart "（実は「視覚的に優れている」か「音楽的に優れている」）と考えたがるからだと説明されている。内容的に一致するのは1だ。

(13) 正解 **3**

訳 研究者によると、学習スタイル理論は

1 学習習慣に基づいて生徒をグループに分けるために理論を活用することができていない教師によって誤用されている。

2 より多様な学習者を取り込むために個人の学習スタイルの定義を拡張することによって改善できる。

3 そのようなスタイルが実際に存在することを示す証拠がないにもかかわらず講師によって採用されている。

4 教師によって適用されると学生の学業成績の向上につながることをデータが示した後になって初めて人気を博した。

解説 第3パラグラフ第3文で methods used to quantify learning styles（学習スタイルを数量化して表すのに使われる方法）に major flaws（大きな欠陥）があることを研究者が突き止めたと述べられていて、第4文では人が distinct groupings（明確に異なるグループ）に分類されることについて very little evidence（証拠がほとんどない）と説明されている。

(14) 正解 **1**

訳 ダニエル・ウィリンガムの発言はどのような点を裏付けているか。

1 教えられている教材と教授法が一致することの方が、生徒が好む学習スタイルに沿って教えるよりも重要だ。

2 学習スタイルの考え方が受け入れられ続けているなら、教育理論についての教科書に大きな変更が出る可能性がある。

3 教育理論についての教科書と教師が使用する実際の方法との関連は十分に明らかではない。

4 数学は、生徒の好みに基づいて教師が自分の教育スタイルを変えようと努力すべき1つの分野だ。

解説 第4パラグラフ第1文で生徒には好みの教授法があるが the teaching approach suits the material（教え方が教材に適合する）ということの方が有益だと述べられている。これは、学習スタイルが成果をあげる理由にはならないが the effect of a strategy on a task is huge（作業に対する戦略の効果は非常に大きい）という第2文のウィリンガムの発言と一致する。

No. 1

スクリプト

W: Jeremy, have you finished preparing the slides for our presentation tomorrow?

M: Not yet, Ms. Itoh. I got sidetracked working on the budget proposal.

W: Well, could you put that aside and finish off the slides and charts, please? Remember, we're rehearsing our presentation from four.

M: Sure thing. I'll have them ready by three, at the latest.

Question: What does the woman tell the man to do?

訳　**女性**：ジェレミー、明日のプレゼン用のスライドの準備は終わりましたか。
　　男性：まだです、伊藤さん。予算案の作成に取り掛かることになったものですから。
　　女性：あら、それは保留してスライドや表を仕上げてもらえますか？ 私たちは4時からプレゼンのリハーサルをするんですからね。
　　男性：もちろんです。遅くとも3時には準備します。
　　質問：女性は男性に何をするように言っているか。

正解　**3**

選択肢の訳　1 スピーチの練習を始める。
　　2 プレゼンテーションにかかる時間を計算する。
　　3 話をするのに必要な資料の準備を終える。
　　4 予算案を提示する。

解説　the budget proposal（予算案）を作成することになった男性に対して、女性が could you put that aside and finish off the slides and charts, please?（それは保留してスライドや表を仕上げてもらえますか？）と頼んでいる。女性の次の発言から、それらはプレゼンテーションに必要なものだと分かるので、3が内容的に一致する。

No. 2

スクリプト

W: Hi, honey.

M: Hi, Claire. I'm glad you called. What time's your flight getting in?

W: Actually, I won't be able to make it today.

M: What happened?

W: Well, I went to the airport with time to spare. Then I realized I'd left my wallet at the office. My ID's in it, and I need it to get through security.

M: Couldn't you get a later flight?

W: Not today, but I've rebooked for tomorrow at 9 a.m.

M: The kids will be disappointed, but I guess they'll have to wait.

Question: What is the problem?

訳 女性：もしもし、あなた。

男性：やあ、クレア。電話してくれて嬉しいよ。君の便は何時に到着するんだい？

女性：実は、今日は戻れなくなったの。

男性：どうしたんだい？

女性：ええと、時間に余裕を持って空港に行ったのよ。そしたら、財布をオフィスに忘れてきたことに気づいたの。私のIDがその中に入ってて、セキュリティを通るのに必要なのよ。

男性：その後の便には乗れなかったの？

女性：今日は無理だったけど、明日の午前9時に予約し直したわ。

男性：子どもたちはがっかりするだろうけど、待つしかなさそうだね。

質問：問題は何か。

正解 **4**

選択肢の訳 1 クレアが空港に到着するのが遅れた。

2 クレアの便がキャンセルになった。

3 クレアが今朝財布をなくした。

4 クレアが今日別の便に乗れなかった。

解説 夫婦の会話で、夫が妻の帰りを待っている。予定していた便の飛行機に乗れなかった妻に対して夫がa later flight（その後の便）はだめだったのか尋ねると、妻はNot today, but I've rebooked for tomorrow at 9 a.m.（今日は無理だったけど、明日の午前9時に予約し直した）と答えているので、4が該当する。

No. 3

◀46

スクリプト

W: Do you want to go hiking up the mountain today?

M: It's pretty cold, and it snowed yesterday. I don't think it's such a good idea.

W: You're not going to let a bit of snow stop you, are you?

M: I'm just worried about ice on the trails. One slip and you could break your leg.

W: We'll be fine. You worry too much.

M: OK, I guess we can give it a try.

Question: Why is the man hesitant to go hiking?

> 訳 　女性：今日は山へハイキングに行かない？
> 　男性：すごく寒いし、昨日は雪が降ったよね。そんなに良い考えだとは思わないね。
> 　女性：ちょっとした雪であなたが行かなくなることもないわよね？
> 　男性：山道に張った氷が心配なんだ。一度足を滑らせただけで骨折するかもしれないし。
> 　女性：大丈夫よ。心配しすぎよ。
> 　男性：分かったよ、まあ試しに歩いてみてもいいだろうね。
> 　質問：なぜ男性はハイキングに行くのをためらっているのか。

正解　3

選択肢の訳　1　今日は雪の予報だ。
　　　　　　2　寒い天気が好きでない。
　　　　　　3　山道が危険かもしれない。
　　　　　　4　足がまだ腫れている。

> 解説 　女性からハイキングに誘われた男性が難色を示している。その理由について、I'm just worried about ice on the trails（山道に張った氷が心配なんだ）と述べ、滑って転んで骨折するかもしれないと具体的に説明しているので、3が正解。

ミニ模試［解答・解説］

DAY 1　DAY 2　DAY 3　DAY 4　DAY 5　DAY 6　DAY 7　DAY 8　DAY 9　DAY 10

209

No. 4 ～ No. 5

◀47

スクリプト

Snakes and Lizards

In 2015, researcher Michael Caldwell was studying some 167-million-year-old fossil skeletons. Earlier analysis had classified these fossils as lizards. Upon close examination, however, Caldwell realized some of the fossils were actually snakes. At that time, the oldest known snake fossils were just 100 million years old. As a result of Caldwell's discovery, we now know that snakes have existed for over 160 million years.

Because the skeletons were not complete, it was extremely difficult to identify the bones properly. This caused the skeletons to be incorrectly classified as lizards in the first place. However, Caldwell was able to identify the snakes based on their jaw structure. Snakes' jaws are extremely flexible, allowing them to swallow animals that are much larger than their heads, while lizards' jaws do not open nearly as wide.

Questions

No. 4 What did Michael Caldwell's discovery show?

No. 5 Why were the bones originally identified incorrectly?

訳

ヘビとトカゲ

2015年に、研究者のマイケル・コールドウェルはおよそ1億6700万年前の化石の骨格を研究していた。それまでの分析では、これらの化石をトカゲとして分類していた。しかし、綿密な調査の結果、コールドウェルは化石のいくつかが実際にはヘビであることに気づいた。当時、知られている中で最古のヘビの化石はたった1億年前のものだった。コールドウェルの発見の結果として、ヘビが1億6000万年以上も前から存在していたことがわかった。

骨格が全てそろっていなかったため、骨を正しく識別することが非常に困難だった。このため、骨格は最初からトカゲとして誤って分類されていた。しかし、コールドウェルは顎の構造に基づいてヘビを識別することができた。ヘビの顎は非常に柔軟で、自分の頭よりはるかに大きな動物を飲み込むことができるが、トカゲの顎はそれほど広くは開かない。

No. 4

正解　1

質問の訳　マイケル・コールドウェルの発見は何を示したか。

選択肢の訳　1　ヘビは以前考えられていたよりも早くから存在していた。
2　トカゲとヘビも同じような食事をしていた。
3　ヘビは昔はもっと危険だった。
4　トカゲの顎は以前はもっと大きかった。

解説　コールドウェルが気づいたのは、トカゲと分類されていた化石が実はヘビのものだったということだ。この発見の意義は、それまで最古のヘビの化石は1億年前のものだったが、snakes have existed for over 160 million years（ヘビが1億6000万以上も前から存在していた）と判明したということなので、1が内容的に一致する。

No. 5

正解　3

質問の訳　もともとなぜ骨が誤って識別されたのか。

選択肢の訳　1　いくつかの分析結果が混同された。
2　骨が他の動物から損傷を受けていた。
3　骨格にはいくつか骨がなかった。
4　獲物の骨を含んでいた。

解説　骨の識別が extremely difficult（非常に困難）だった理由として、the skeletons were not complete（骨格が全てそろっていなかった）と説明されている。これを別の表現で言い換えた3が正解。

No. 6

◀48

スクリプト

You have 10 seconds to read the situation and Question No. 6.

I'm sorry that your bookshelf is missing screw holes. Unfortunately, that was the last unit of that model, so we won't be getting more in. You could exchange it for a different model, but what we have would cost you more. If you'd like, we can drill the holes for you. Just bring the pieces that need drilling to the store. Or, if you want a refund, put everything back in the box and bring it in with the receipt. You could also send the item back to us, but you'd have to pay the shipping charge yourself.

Now answer the question.

訳　10秒で現在の状況と質問 No. 6 を読んでください。

お客様の本棚にネジ穴がないとのことで申し訳ございません。残念ながら、そのモデルの最後のセットだったので、さらに入荷することができません。別のモデルと交換できますが、ご提供させていただけるものは値段がさらに高くなります。よろしければ、私たちで穴を開けることも可能です。穴開けが必要なパーツを店に持ってきていただくだけで結構です。あるいは返金をご希望の場合は、すべてを箱に戻して領収書と一緒にご持参ください。我々に郵送していただくこともできますが、お客様ご自身で送料をお支払いいただかなくてはいけません。

それでは解答してください。

正解 2

状況の訳　最近購入した DIY の本棚キットのネジ穴がいくつか開いていない。この本棚を手元に置いておきたいと思っているが、さらにお金を払いたくはない。あなたはその店に電話している。

質問の訳　あなたは何をすべきか。

選択肢の訳　1　新しいセットが入手可能になるのを待つ。
　　　　　　2　店舗で穴を開けてもらう。
　　　　　　3　レシートがあることを確認する。
　　　　　　4　本棚一式を店舗に送り返す。

解説　a different model（別のモデル）と交換したり a refund（返金）を要求したりするのは、購入したキットを手元に置いておきたいという希望に反し、追加で料金が発生する可能性があるので除外される。If you'd like, we can drill the holes for you（よろしければ、私たちで穴を開けることも可能です）という申し出に対応した 2 が正解。

ミニ模試

英作文

今日の課題

■ 英作文問題　1問
■ 解答例・英作文上達トレーニング
　▶トレーニング 1
　▶トレーニング 2

[目標解答時間：25 分]

目標解答時間 〉25 分

- Write an essay on the given TOPIC.
- Use TWO of the POINTS below to support your answer.
- Structure: introduction, main body, and conclusion
- Suggested length: 120-150 words

TOPIC

Agree or disagree: Japanese companies should hire more foreign workers

POINTS

- *Aging population*
- *Costs*
- *Cultural differences*
- *Globalization*

　　まずは自分なりの答案を作成し、信頼できる英語の先生に添削をしてもらいましょう。英作文の上達には添削指導を受けることが有益ですが、それだけで力がつくわけではありません。普段の自学自習の質と量がものをいいます。次のコーナー「英作文上達トレーニング」への取り組みを通して、自分の答案作成力を検証してみてください。

MEMO

DAY 1

DAY 2

DAY 3

DAY 4

DAY 5

DAY 6

DAY 7

DAY 8

DAY 9

DAY 10

DAY 9 ミニ模試 解答例・英作文上達トレーニング

■ トレーニング 1

英文ライティング上達の第一歩は、模範となる英文を何度も読み込むことです。以下は英検協会が公開している解答例です。そして、このような英文を書くために必要となるのが、右ページのような「メモ」を書き、それを元に下書きとしての「アウトライン」を作成することです。「メモ」と「アウトライン」から英文を完成させる流れを意識しながら読み込みましょう。

Faced with an aging population and increasing global competition, Japanese companies could benefit greatly if they hired more foreign employees.

Currently, many older workers are retiring, and replacing them is becoming difficult due to declining birthrates. Bringing in foreign workers, however, would make it easy for Japanese firms to maintain their work forces. Moreover, since these new employees would live in Japan, they would also stimulate demand for goods and services.

In addition, foreign workers would help companies deal with globalization. Foreign workers have knowledge of market conditions abroad, and this knowledge would be indispensable for Japanese companies. Moreover, foreigners would bring in innovative ideas from other countries that would help make Japanese firms more competitive.

Although there may be issues with cultural differences or communication, the need for more workers and the challenges of competing globally make it essential that Japanese companies start bringing in more workers from abroad.

(150 語)

メモ

1 高齢化 → 少子高齢化

　現役世代の減少、人手不足

2 コスト　いろいろな種類のコストがあるか

　人件費 labor cost → 外国ではなく日本国内で雇用するのだからそれほどメリット

はないのか？

　医療費の増大 → 企業だけでなく国家レベルでのコストと言えそう

3 文化の違い　移民を受け入れることのデメリット、負担

　例 : 宗教の違い、コミュニティ間の断絶、緊張とか

4 グローバル化　日本人とは異なる視点を持っているなど

　企業の発展にとって良い影響

結論は agree で、1と4を Body とする

アウトライン

Introduction

hiring foreign employees … beneficial for Japanese companies

reasons: 1 aging population 2 increasing global competition

Body

Reason 1

aging + low birthrate = shortage of labor force

need for foreign workers is getting higher

they are helpful for Japanese society itself too

Reason 2

foreign workers would help companies deal with globalization

their knowledge & their ideas are different from those of the Japanese

= good for Japanese companies

Conclusion

paraphrase of Introduction

■ トレーニング 2

　前コーナーでは、「メモ」から英文を完成させる流れを意識しながら解答例の英文を読み込みました。このコーナーでは、日本語訳を手掛かりとして英文を再現する練習をします。英文の構成や文法・語法などに注意を払いながら、また、POINT ）を参考に、すらすらと書けるようになるまで自分のものとしてください。

第1パラグラフ

1　人口の高齢化と世界規模の競争の激化に直面する中、日本企業はより多くの外国人従業員を雇えば大きな利益が得られるだろう。

第2パラグラフ

1　現在、多くの年配の労働者が定年退職していて、出生率の低下によって彼らの後任を見つけるのが困難になっている。

2　しかし、外国人労働者を呼び込めば、日本企業が労働力を維持するのが容易になるだろう。

3　さらに、こうした新しい労働者は日本に住むことになるので、商品やサービスの需要も刺激するだろう。

220

1 Faced with an aging population and increasing global competition, Japanese companies could benefit greatly if they hired more foreign employees.

POINT　Introduction で結論を提示し、理由も簡潔に盛り込む。「高齢化＋グローバル競争＝外国人材の有効活用」が、日本企業にとって有益である、という構造。

1 Currently, many older workers are retiring, and replacing them is becoming difficult due to declining birthrates.

POINT　1つ目の理由の Topic Sentence。日本の急速な少子高齢化が働き手不足をもたらしている、という社会的な背景をもとに、外国人を雇うことの「日本社会における必要性」を簡潔に述べる。

2 Bringing in foreign workers, however, would make it easy for Japanese firms to maintain their work forces.

POINT　1つ目の理由の Supporting Sentence。働き手不足を解決する手段として、外国人労働者が有効であることを述べる。

3 Moreover, since these new employees would live in Japan, they would also stimulate demand for goods and services.

POINT　Supporting Sentence の続き。外国人労働者を日本国内で雇うことの日本社会にとってのメリットについて言及する。

1 さらに、外国人労働者の存在は企業がグローバル化に対処する助けになるだろう。

2 外国人労働者は海外の市況について知識があり、この知識は日本企業にとって不可欠なものになるだろう。

3 さらに、外国人が他の国々から革新的なアイディアを持ち込むことで、日本企業の競争力を高めることにつながるだろう。

1 文化の違いやコミュニケーションに問題が出るかもしれないが、より多くの労働者の必要性と世界規模での競争という課題によって、日本企業がより多くの労働者を海外から呼び込み始めることが不可欠になっている。

1 In addition, foreign workers would help companies deal with globalization.

POINT
2つ目の理由の **Topic Sentence**。外国人労働者を雇うことが民間企業にとってグローバル化への対応という点でプラスになる、と述べる。

2 Foreign workers have knowledge of market conditions abroad, and this knowledge would be indispensable for Japanese companies.

POINT
2つ目の理由の **Supporting Sentence**。外国人労働者は海外市場の知識を有し、日本企業にとって有益であることを述べる。

3 Moreover, foreigners would bring in innovative ideas from other countries that would help make Japanese firms more competitive.

POINT
Supporting Sentence の続き。日本と異なる視点や視野を持った外国人が、日本企業の競争力を高める可能性について述べる。

1 Although there may be issues with cultural differences or communication, the need for more workers and the challenges of competing globally make it essential that Japanese companies start bringing in more workers from abroad.

POINT
Introduction で述べた内容をパラフレーズ（言い換え）して文章を終える。

- 与えられたトピックでエッセイを書きなさい。
- 解答の根拠を示すために以下のポイントのうち 2 つを使いなさい。
- 構成：導入、本論、まとめ
- 目安となる長さ：120 〜 150 語

トピック
賛成か反対か：日本企業はもっとたくさんの外国人労働者を雇うべきだ

ポイント
- 人口の高齢化
- コスト
- 文化の違い
- グローバル化

　　人口の高齢化と世界規模の競争の激化に直面する中、日本企業はより多くの外国人従業員を雇えば大きな利益が得られるだろう。

　　現在、多くの年配の労働者が定年退職していて、出生率の低下によって彼らの後任を見つけるのが困難になっている。しかし、外国人労働者を呼び込めば、日本企業が労働力を維持するのが容易になるだろう。さらに、こうした新しい労働者は日本に住むことになるので、商品やサービスの需要も刺激するだろう。

　　さらに、外国人労働者の存在は企業がグローバル化に対処する助けになるだろう。外国人労働者は海外の市況について知識があり、この知識は日本企業にとって不可欠なものになるだろう。さらに、外国人が他の国々から革新的なアイディアを持ち込むことで、日本企業の競争力を高めることにつながるだろう。

　　文化の違いやコミュニケーションに問題が出るかもしれないが、より多くの労働者の必要性と世界規模での競争という課題によって、日本企業がより多くの労働者を海外から呼び込み始めることが不可欠になっている。

DAY 10

ミニ模試

二次試験

You have **one minute** to prepare.

This is a story about a woman who wanted her son to be successful in the future.
You have **two minutes** to narrate the story.

Your story should begin with the following sentence:
One day, a woman was at a café with her mother and son.

　1つ目の問題です。まずは信頼できる英語の先生にナレーションを聞いてもらいましょう。英語面接の上達には発音を含めた改善点について個別指導を受けることが有益ですが、それだけで力がつくわけではありません。普段の自学自習の質と量がものをいいます。次のコーナーでは「英語面接上達トレーニング」に取り組みます。

MEMO

模試

DAY 1

DAY 2

DAY 3

DAY 4

DAY 5

DAY 6

DAY 7

DAY 8

DAY 9

DAY 10

※実際の試験では紙にメモを取ることはできません

■ トレーニング 1　　　　　　　　　　　　　　　　　◀ 49

> 英語面接上達の第一歩は、模範となるナレーションのスクリプトを何度も読み込み、音声を聞き込むことです。このようなナレーションをするために必要となるのが、右ページのような「メモ」を作ってイラストの展開を大まかに整理し、それを元に「アウトライン」で具体的に取り上げる内容を簡単な文で表現することです。実際の試験では、この一連の流れを頭の中ですばやく処理することが必要になります。

One day, a woman was at a café with her mother and son. Her mother showed her an article that said early learning was important in order for children to be successful in their future careers. A few weeks later, the woman was at home talking to her husband. She had made a list of activities, and she told him that English, computers, and swimming would have a good effect on their son. Her husband agreed that the lessons would be a good idea. One month later, she was waiting for her son outside his English school. As he ran out of the school, she told him that he was late for his swimming lesson. On the way to the pool, they saw some children having a lot of fun playing in the park. Her son looked sad when he saw them.

（142 語）

メモ

1　女性の母親が、早期学習が良いという記事を女性に見せている。息子はケーキを食べている。

2　そこで女性は習い事リストを作成、夫に提案し、夫もそれに賛成する。息子はゲームをしている。

3　英語のレッスンが終わり、急がないとスイミングに遅れる、と母が息子を急かす。息子はあわただしく走る。

4　プールへ向かう途中、遊ぶ子供たちを見かける。息子はうらやましそうな表情。そんな息子を女性が眺める。

アウトライン

1コマ目

The woman's mother was showing an article.

記述 "Early learning brings career success."

2コマ目

She made a list of activities.

セリフ "These will all be good for our son."

Her husband nodded.

3コマ目

The son was running out from an English school.

セリフ "We're late for your swimming lesson."

4コマ目

Children were playing on the ground.

Her son was watching them.

She was watching him.

　前コーナーでは、「メモ」からナレーションを完成させる流れを意識しながら解答例のスクリプトを読み込み、音声を聞き込みました。このコーナーでは、日本語訳を手掛かりとしてナレーションを再現する練習をします。英文の構成や文法・語法などに注意を払いながら、また、(POINT)を参考に、すらすらと話せるようになるまで自分のものとしてください。

1コマ目

1 ある日、女性が母親、そして息子と一緒にカフェにいた。

2 女性の母親は、子供が将来の仕事で成功するには早期学習が重要だ、と言う内容の記事を女性に見せた。

2コマ目

1 数週間後、女性は自宅で夫と話をしていた。

2 彼女は習い事のリストを作り、英語とコンピューター、そして水泳が自分たちの息子に良い影響を与えるだろうと夫に言った。

3 習い事は良い考えだと、夫は賛成した。

1 One day, a woman was at a café with her mother and son.

POINT　時制を確認しよう。後に続く文の時制をこの文と一致させる。焦らずに、言葉の区切れを意識して読み上げる。

2 Her mother showed her an article that said early learning was important in order for children to be successful in their future careers.

POINT　女性の母親が記事を見せている様子を、動作動詞 show を用いて描写する。文字情報は必ず拾う。

1 A few weeks later, the woman was at home talking to her husband.

POINT　時系列情報から始める。女性を主語にして、女性の動作を描写する。第1文なので、2人が何をしているかを端的に述べる。

2 She had made a list of activities, and she told him that English, computers, and swimming would have a good effect on their son.

POINT　ここではリストについて言及する。リストに書かれている情報と、セリフも漏れなく表現しよう。解答は間接話法だが、直接話法でも構わない。

3 Her husband agreed that the lessons would be a good idea.

POINT　女性の発言に対する夫の様子を簡潔に述べる。時制の一致も忘れずに。ナレーションが過去形で始まるので、時制は過去形で統一する。

231

1　1か月後、彼女は英語学校の外で息子を待っていた。

2　息子が学校から走って出てくると、彼女は息子に水泳のレッスンに遅れるよと言った。

1　プールへ向かう途中、子供たちが公園で楽しく遊んでいるのが見えた。

2　それを見た息子は、悲しそうな表情をしていた。

1 One month later, she was waiting for her son outside his English school.

POINT
時系列を述べ、コマから読み取れる情報を描写する。ここでは女性が息子を待っている様子である。

2 As he ran out of the school, she told him that he was late for his swimming lesson.

POINT
息子が英語教室から駆け出す様子と、女性が息子に言うセリフを漏らさず拾い上げる。

1 On the way to the pool, they saw some children having a lot of fun playing in the park.

POINT
時系列を述べ、子供たちが遊ぶ様子を描写する。

2 Her son looked sad when he saw them.

POINT
最後に息子が他の子供たちを眺める様子を描写する。

準備時間は1分です。

これは息子が将来成功してほしいと願う女性についての話です。

この話について2分間のナレーションをしてください。

話は次の文で始めなければなりません。

ある日、女性が母親、そして息子と一緒にカフェにいた。

解答例訳

　　ある日、女性が母親、そして息子と一緒にカフェにいた。女性の母親は、子供が将来の仕事で成功するには早期学習が重要だ、と言う内容の記事を女性に見せた。数週間後、女性は自宅で夫と話をしていた。彼女は習い事のリストを作り、英語とコンピューター、そして水泳が自分たちの息子に良い影響を与えるだろうと夫に言った。習い事は良い考えだと、夫は賛成した。1か月後、彼女は英語学校の外で息子を待っていた。息子が学校から走って出てくると、彼女は息子に水泳のレッスンに遅れるよと言った。プールへ向かう途中、子供たちが公園で楽しく遊んでいるのが見えた。それを見た息子は、悲しそうな表情をしていた。

■ 質疑応答の例

　ナレーションが終わると面接委員から4つの質問をされます。最初の質問はイラストの内容に直接関連したもので、残りの3つはイラストのトピックに関連したものです。次の質疑応答の例で質問の内容と模範的な回答を確認して二次試験本番に備えましょう。

No. 1　◀59

Examiner: Please look at the fourth picture. If you were the woman, what would you be thinking?

Examinee: I'd be thinking that it's a shame my son doesn't have time to play in the park right now. However, his lessons are going to help him get a good job in the future, so I'm sure he'll thank me later.

訳　面接委員：4番目の絵を見てください。もしあなたがこの女性なら、どんなことを考えますか。

受験者：息子にとって遊ぶ時間がないことは、今はつらいだろうと思います。しかし習い事は将来良い仕事につくことに役立つでしょう。ですので、いつか私に感謝してくれると考えます。

No. 2　◀60

Examiner: Should subjects like art and music be cut to make more time for other types of classes?

Examinee: Yes. The world is changing very quickly these days, so schools have to put more emphasis on computer science and English. Students can learn things like art and music in their free time.

訳　面接委員：美術や音楽のような科目は、多くの時間を他の科目に割くために削減すべきですか。

受験者：はい。最近の世界は急速に変化しているので、学校は情報科学や英語に対してもっと重点を置くべきです。生徒たちは自由時間に美術や音楽などを学ぶことができます。

No. 3

◀61

Examiner: Do you think the facilities at public parks should be improved?

Examinee: No. Most parks already have good facilities. For example, many playgrounds are full of equipment that is a lot of fun for kids. They also have really nice gardens where people can go for walks.

> 訳　面接委員：公共の公園の施設を改善すべきだと思いますか。
>
> 　　受験者：いいえ。ほとんどの公園は、既に優れた設備を有しています。例えば、多くの運動場には子供たちが大いに楽しむことができる遊具がたくさんあります。人々が散歩できる本当に素敵な庭園もあります。

No. 4

◀62

Examiner: Should parents try to get their children interested in politics?

Examinee: Yes. The number of young voters has been low recently. If parents made more effort to educate their children about politics, the children would develop a lifelong interest in government and public affairs.

> 訳　面接委員：子供たちが政治に興味を持つように、親は努力すべきでしょうか。
>
> 　　受験者：はい。投票に行く若者の数は近年少ないままです。もし親が子供に政治について教える努力を今以上にすれば、子供は統治や公共政策について、生涯にわたって関心を持つようになるでしょう。

関連教材
紹介

発音上達で合格に一歩近づく!
『日本語ネイティブが苦手な英語の音と
リズムがいちばんよくわかる発音の教科書』

靜 哲人著／テイエス企画

本書の「英検準1級 早わかりガイド」にも
ある通り、英検の合格判定においては「読む」
「聞く」「書く」「話す」が均等に評価されます。
「聞く」「話す」といった音声面での習熟度が
問われる場面は、試験だけでなく実生活にお
いても、ますます増えるでしょう。英語の発
音に関する基本的な知識の習得やトレーニン
グは必須の学習事項と言えます。

この本では、日本語と英語の音の特徴や日本人の弱点を知り尽くし
た著者が、日本人にいちばん合ったトレーニングで、みなさんの発音
を格段にレベルアップします。トレーニングは段階的に取り組めるよ
う以下の4つのステップで構成されています。

STEP 1 まず全体イメージを英語らしく
STEP 2 主要な音を英語らしく
STEP 3 細部の音まで英語らしく
STEP 4 文のリズムまで本格的に
英語らしく

発音が良くなると、スピーキングやリスニ
ングはもちろん、リーディングでも大きな
効果を発揮しますので、ぜひ試してみてくだ
さい。

You have **one minute** to prepare.

This is a story about a woman who worked in the tourism department of her local government office.
You have **two minutes** to narrate the story.

Your story should begin with the following sentence:
One day, a woman was at a meeting with other staff members in her department.

2つ目の問題です。まずは最初の問題でやったことを思い出して自分なりのナレーションをしてみましょう。全体の展開を示しながら1コマごとに情報の取捨選択を行い、正しい英語の文を組み立てていくことに集中してください。その上で「英語面接上達トレーニング」に取り組んで解答の手順に習熟しましょう。

MEMO

DAY 1

DAY 2

DAY 3

DAY 4

DAY 5

DAY 6

DAY 7

DAY 8

DAY 9

DAY 10

※実際の試験では紙にメモを取ることはできません

■ トレーニング1 ◀63

問題①と同様に、「メモ」と「アウトライン」を参照してスクリプトを読み込み、音声を聞き込みましょう。全体のストーリーの展開を把握して、重要な内容を吟味して選ぶというナレーションの準備のための一連の流れを再確認してください。

One day, a woman was at a meeting with other staff members in her department. They were looking at a graph showing that the number of tourists coming to the town was decreasing. The woman suggested that they promote the waterfall located near the town, and her coworkers agreed it was a good idea. A week later, the woman and one of her coworkers hiked to the local waterfall to take some photos. The woman suggested that they post the photos on the town's website. The following month, the area was full of tourists who had come to visit the waterfall. The woman was very pleased to see what a popular destination the area had become. A few days later, the woman and her coworker visited the waterfall again. The coworker was picking up garbage, and he said that the tourists had left it behind.

(145 語)

DAY 1 DAY 2 DAY 3 DAY 4 DAY 5 DAY 6 DAY 7 DAY 8 DAY 9 DAY 10

メモ

1 観光客減少への対策として、女性が滝を名所として宣伝することを提案。同僚たちはうなずく。

2 そこで女性は同僚と滝へ行き、写真を撮影。ウェブサイトに載せようと提案する。

3 多くの観光客が滝へ詰めかけ、にぎわう。女性はうれしそうな表情。

4 ところが数日後、観光客が捨てたゴミがあたりに散乱する。

アウトライン

1コマ目

The number of tourists were decreasing.

セリフ "How about promoting the waterfall near the town?"

Everyone was nodding.

2コマ目

They were hiking to the waterfall to take pictures.

セリフ "Let's post these photos on the town's website!"

3コマ目

Many people visited the waterfall.

She looks pleased.

4コマ目

The woman and her coworker visited the waterfall again.

The coworker was picking up garbage.

セリフ "The tourists left this."

　この問題でも日本語訳を手掛かりとしてナレーションを再現する練習をしましょう。英文の構成や文法・語法などに注意を払いながら、また、POINT を参考に、すらすらと話せるようになるまで自分のものとしてください。

1コマ目

1 ある日、女性は同じ部署の同僚たちと会議をしていた。

2 彼らは、町にやってくる観光客の数が減っていることを示すグラフを見ていた。

3 女性は町の近くにある滝を宣伝してはどうかと提案し、同僚たちも、それは良い考えだと賛成した。

2コマ目

1 1週間後、女性と同僚の1人が滝へハイキングに行き、写真を数枚撮影した。

2 女性は、町のウェブサイトにその写真を投稿することを提案した。

1 One day, a woman was at a meeting with other staff members in her department.

POINT 時制を確認しよう。後に続く文の時制をこの文と一致させる。焦らずに、言葉の区切れを意識して読み上げる。

2 They were looking at a graph showing that the number of tourists coming to the town was decreasing.

POINT ナレーションが過去形で始まるので、時制は過去で統一する。まずは話の起点となる「観光客の減少」という問題について言及しよう。

3 The woman suggested that they promote the waterfall located near the town, and her coworkers agreed it was a good idea.

POINT 次に、女性のセリフについて描写する。解答では suggest の目的語である that 節内で仮定法現在が使用されていることに注意。同僚たちのうなずく動作も拾い上げる。

1 A week later, the woman and one of her coworkers hiked to the local waterfall to take some photos.

POINT 時系列を述べ、コマに登場する 2 人の動作を描写する。滝まで来たことと、写真を撮っていることを述べる。

2 The woman suggested that they post the photos on the town's website.

POINT 女性のセリフについて言及する。やはり that 節内で仮定法現在が使用されている。

243

1 翌月、辺りは滝を訪問しに来る観光客であふれかえった。

2 その場所が有名な観光地になったのを見て、女性はとても喜んだ。

1 数日後、女性と同僚は再び滝を訪れた。

2 同僚はゴミを拾っていた。そして、これは観光客が残していったものだ、と彼は言った。

1 The following month, the area was full of tourists who had come to visit the waterfall.

POINT 時系列を述べ、滝の周辺が、観光客でにぎわう様子を描写する。

2 The woman was very pleased to see what a popular destination the area had become.

POINT その様子を見た女性の表情について言及する。「『観光客を増やす』という課題を解決できたからうれしい」と解釈を入れることができれば理想的である。

1 A few days later, the woman and her coworker visited the waterfall again.

POINT 時系列を述べ、コマの登場人物とその同僚が滝を再び訪問したことを簡潔に述べよう。

2 The coworker was picking up garbage, and he said that the tourists had left it behind.

POINT 男性の同僚の動作と、彼のセリフを全て拾い上げる。ここでもやはり間接話法で述べられているが、直接話法でも構わない。

DAY 1 DAY 2 DAY 3 DAY 4 DAY 5 DAY 6 DAY 7 DAY 8 DAY 9 DAY 10

準備時間は1分です。

これはある自治体役所の観光課で働く女性の話です。

この話について2分間のナレーションをしてください。

話は次の文で始めなければなりません。

ある日、女性は同じ課の同僚たちと会議をしていた。

解答例訳

　　ある日、女性は同じ部署の同僚たちと会議をしていた。彼らは、町にやってくる観光客の数が減っていることを示すグラフを見ていた。女性は町の近くにある滝を宣伝してはどうかと提案し、同僚たちも、それは良い考えだと賛成した。1週間後、女性と同僚の1人が滝へハイキングに行き、写真を数枚撮影した。女性は、町のウェブサイトにその写真を投稿することを提案した。翌月、辺りは滝を訪問しに来る観光客であふれかえった。その場所が有名な観光地になったのを見て、女性はとても喜んだ。数日後、女性と同僚は再び滝を訪れた。同僚はゴミを拾っていた。そして、これは観光客が残していったものだ、と彼は言った。

■ 質疑応答の例

　ナレーションが終わると面接委員から 4 つの質問をされます。最初の質問はイラストの内容に直接関連したもので、残りの 3 つはイラストのトピックに関連したものです。次の質疑応答の例で質問の内容と模範的な回答を確認して二次試験本番に備えましょう。

No. 1 ◀73

Examiner: Please look at the fourth picture. If you were the woman, what would you be thinking?

Examinee: I'd be thinking, "It's a shame that tourists are leaving so much garbage, but we've succeeded in our goal of increasing tourism to the town. We can solve the problem by putting more garbage bins in the area."

> 訳　面接委員：4 番目の絵を見てください。もしあなたが女性なら、どんなことを考えますか。
>
> 　　受験者：私ならこう考えます。「観光客がそんなに多くのごみを放置するのは残念なことだ。でも町に観光客を増やすという私たちの目標は達成できた。ゴミの問題は、この場所にもっと多くのゴミ箱を設置することで解決できるだろう。」

No. 2 ◀74

Examiner: Do you think that Japan will continue to be a popular tourist destination in the future?

Examinee: Yes. Japan is an ideal country for tourism because it has both natural attractions and exciting cities. The fact that it is a safe country will also continue to appeal to tourists.

> 訳　面接委員：日本は将来も人気の観光地であり続けると思いますか。
>
> 　　受験者：はい。日本は観光には理想的な国だと思います。自然も都市も、両方とも魅力的だからです。安全な国家だという事実も観光客にとっては魅力であり続けると思います。

No. 3

◀75

Examiner: Do you think that using social media is an effective way of promoting a business?

Examinee: Not really. Most people just want to communicate with friends or check the news, so they find advertisements for businesses annoying. Also, many people block ads from appearing on the sites they visit.

> 訳　面接委員：ソーシャルメディアの活用は、ビジネスを活性化させる効果的な方法だと思いますか。
>
> 　　受験者：そうでもないと思います。大抵の人々は、友人への連絡やニュースのチェックをしたいだけですから、ビジネス向け広告を目障りだと思うでしょう。また、訪問するサイト上で、広告表示をブロックする人も大勢います。

No. 4

◀76

Examiner: Are governments doing enough to preserve areas of natural beauty?

Examinee: I think so. In many countries, the number of tourists allowed to visit these areas is restricted. Tourists are also prevented from visiting some fragile areas, and this allows these areas to recover or be properly restored.

> 訳　面接委員：各国の政府は、美しい自然が残る地域を保全する十分な努力をしていますか。
>
> 　　受験者：そう思います。多くの国では、そのような地域に立ち入りできる観光客の人数を制限しています。破壊の恐れがある地域には立ち入りを禁止する場合もあります。そうすることで、その地域が回復できるように、また適切に修復できるようにしているのです。

英検準1級
でる単語リスト 600

　このコーナーでは、ミニ模試の読解問題に登場した頻出単語約 600 語を、各 DAY の各問題、各パラグラフごとにまとめてありますので、総仕上げとして取り組んでください。赤シートを使って意味が言えるようにするのが第一段階です。概ねできるようになったら、該当する DAY の問題文に戻り、英文を何度も読み込みましょう。

DAY 1

筆記試験 2 （→ 052 ページ）

第 1 パラグラフ

□ athlete	名 アスリート
□ consider	動 〜について考える
□ career	名 キャリア
□ prepare	動 準備する
□ specialize in	熟 〜を専門にする
□ recent	形 最近の
□ survey	名 調査
□ current	形 現在の
□ around	副 〜頃
□ whereas	接 〜なのに対して
□ quarter	名 4 分の 1
□ be of the opinion that	熟 〜という意見だ
□ specialization	名 専門化
□ result in	熟 〜につながる
□ performance	名 パフォーマンス
□ view	名 見解
□ poll	動 調査する
□ mere	形 ほんの
□ one-fifth	名 5 分の 1

第 2 パラグラフ

□ trend	名 傾向
□ harmful	形 悪影響のある
□ lead	動 率いる
□ examine	動 調査する
□ female	形 女子の
□ various	形 様々な
□ while	接 〜である一方で
□ despite	前 〜にもかかわらず

□ multiple	形 複数の
□ high-quality	形 質が高い
□ mood	名 気分
□ stress	名 ストレス
□ less	形 より少ない
□ fatigue	名 疲労感
□ soreness	名 痛み
□ similarly	副 同様に
□ sports-medicine	名 スポーツ医学
□ researcher	名 研究者
□ chance	名 可能性
□ suffer	動 被る
□ therefore	副 したがって
□ sports-related	形 スポーツ関連の
□ injury	名 怪我
□ by	前 〜の差で
□ physical	形 身体的な
□ mental	形 精神的な
□ benefit	動 有益である
□ a range of	熟 様々な〜

筆記試験 3 （→ 054 ページ）

第 1 パラグラフ

□ strand	動 座礁させる
□ male	形 オスの
□ sperm whale	名 マッコウクジラ
□ wash up	熟 （浜に）打ち上げる
□ shallow	形 浅い
□ mud	名 泥
□ prevent 〜 from V-ing	熟 〜を V できなくする

□ sonar click	名 クリック音
□ navigate	動 航行する
□ trap	動 閉じ込める
□ tremendous	形 途方もない
□ lung	名 肺
□ collapse	動 虚脱する
□ die of	熟 ～で死ぬ
□ respiratory failure	
	名 呼吸不全
□ initially	副 当初は
□ in pursuit of	熟 ～を追って
□ squid	名 イカ
□ favorite	形 お気に入りの
□ prey	名 獲物
□ swallow	動 飲み込む
□ fatal	形 致命的な
□ quantity	名 量
□ disprove	動 誤りだと証明する

第 2 パラグラフ

□ further	形 さらなる
□ research	名 調査
□ sonar	名 ソナー
□ alternative	形 別の
□ emerge	動 浮上する
□ magnetic field	名 磁場
□ migrate	動 移動する
□ Norwegian Sea	
	名 ノルウェー海
□ aurora borealis	
	名 オーロラ
□ visible	形 目に見える
□ northern	形 北の

□ cause	動 引き起こす
□ storm	名 嵐
□ sign	名 表れ
□ interfere with	熟 ～を妨害する
□ confuse	動 混乱させる
□ migratory	形 渡りの
□ rely on	熟 ～に頼る
□ disoriented	形 方向感覚を失った

第 3 パラグラフ

□ in general	熟 一般的に
□ female	形 メスの
□ equator	名 赤道
□ on the other hand	
	熟 その一方で
□ bachelor	名 (男の) 独身
□ once	接 一度～すると
□ independent	形 自立した
□ experienced	形 経験豊富な
□ solitary	形 孤立した
□ inexperienced	形 経験のない
□ fend for oneself	
	熟 自立する
□ sense	動 検知する
□ realize	動 気づく
□ stray	動 外れる
□ migration route	
	名 移動経路
□ in contrast	熟 対照的に
□ navigation	名 航行
□ method	名 方法
□ such as	熟 (例えば) ～のような
□ reorient	動 位置を把握し直す

DAY 2

筆記試験 2　　　　　　（→ 076 ページ）

第 1 パラグラフ

- □ riot　　　名 暴動
- □ late　　　形 後半の
- □ early　　　形 初頭の
- □ trend　　　名 流行
- □ controversy　　　名 論争
- □ such ~ that ...　　　熟 …なほどの~
- □ rioting　　　名 暴動
- □ oversized　　　形 ダブダブな
- □ accompany　　　動 伴う
- □ fedora-style hat　　　名 中折れ帽
- □ initially　　　副 当初は
- □ subsequently　　　副 その後
- □ adopt　　　動 取り入れる
- □ out of　　　前 ~から
- □ desire　　　名 願望
- □ distance oneself from　　　熟 ~から距離を置く
- □ mainstream　　　名 主流
- □ reject　　　動 拒絶する
- □ distinct　　　形 明確な
- □ signify　　　動 表す
- □ rebelliousness　　　名 反抗的な姿勢
- □ fit in　　　熟 同化する
- □ seek to V　　　熟 V しようとする
- □ stand out　　　熟 目立つ
- □ behave　　　動 行動する
- □ opposition　　　名 反抗
- □ authority　　　名 権威
- □ cross the line　　　熟 一線を越える

- □ minor crime　　　名 軽犯罪
- □ associate　　　動 関連づける
- □ in turn　　　熟 次に
- □ strengthen　　　動 強調する
- □ anti-establishment　　　形 反体制的な
- □ status　　　名 立場
- □ popularity　　　名 人気
- □ to the point where SV　　　熟 S が V するほどまでに

第 2 パラグラフ

- □ involvement　　　名 参加
- □ fabric　　　名 織物
- □ shortage　　　名 不足
- □ tailoring　　　名 服の仕立て
- □ restriction　　　名 規制
- □ outlaw　　　動 違法にする
- □ manufacture　　　名 製造
- □ demand　　　名 需要
- □ underground　　　形 闇の
- □ the authorities　　　名 当局
- □ morally　　　副 道徳的に
- □ questionable　　　形 問題がある
- □ unpatriotic　　　形 愛国心がない
- □ represent　　　動 意味する
- □ refusal　　　名 拒否
- □ obey　　　動 従う
- □ matter　　　名 問題
- □ come to a head　　　熟 頂点に達する
- □ tension　　　名 緊張
- □ uniformed　　　形 軍服を着た

☐ military serviceman	名 軍人
☐ explode into	熟 ～に急発展する
☐ violence	名 暴力行為
☐ routinely	副 日常的に
☐ hunt down	熟 追い詰める
☐ forcibly	副 強引に
☐ remove	動 剥ぎ取る
☐ offending	形 目障りな
☐ beat	動 殴る

第 3 パラグラフ

☐ emphasize	動 強調する
☐ press	名 報道
☐ describe A as B	熟 A を B と記述する
☐ strip	動 (服を) 剥ぎ取る
☐ punishment	名 罰
☐ arrest	名 逮捕
☐ servicemen	名 軍人
☐ largely	副 ほぼ
☐ ignore	動 無視する
☐ imply	動 示唆する
☐ avoid	動 避ける
☐ military service	名 兵役

第 4 パラグラフ

☐ attempt	名 試み
☐ look into	熟 調査する
☐ circumstance	名 状況
☐ minority	名 少数派
☐ view A as B	熟 A を B として見る
☐ overlook	動 見過ごす
☐ racial	形 人種的な
☐ element	名 要素
☐ acknowledge	動 認める
☐ as much A as B	熟 B でもあり A でもある
☐ statement	名 声明
☐ there is no V-ing	熟 V できない
☐ deny	動 否定する
☐ significant	形 多大な
☐ effect	名 影響
☐ disadvantaged	形 恵まれない
☐ awareness	名 意識
☐ discontent	名 不満
☐ conflict	名 衝突
☐ activism	名 行動主義
☐ the civil rights movement	名 公民権運動
☐ eventually	副 その結果
☐ equality	名 平等
☐ opportunity	名 機会

DAY 4

筆記試験 2　　　　(→ 110 ページ)

第 1 パラグラフ

☐ tradition	名 伝統

☐ spend ～ V-ing	熟 V して～を過ごす
☐ as well as	熟 ～だけでなく
☐ earn	動 稼ぐ
☐ regard A as B	熟 A を B と考える

□ step	名 ステップ
□ process	名 過程
□ responsibility	名 責任
□ interpersonal	形 対人関係の
□ skill	名 技術
□ labor market	名 労働市場
□ impact	動 影響を与える
□ employ	動 雇用する
□ approximately	副 およそ
□ figure	名 数字
□ roughly	副 約
□ decade	名 10 年

第 2 パラグラフ

□ encourage ~ to V	
	熟 ~をVするよう奨励する
□ gain	動 習得する
□ basic	形 基本的な
□ serve	動 役に立つ
□ be concerned about	
	熟 ~を心配している
□ Bureau of Labor Statistics	
	名 労働統計局
□ enroll	動 登録する
□ triple	動 3 倍になる
□ degree	名 学位
□ essential	形 不可欠な
□ career	名 キャリア
□ tuition fee	名 授業料
□ continue to V	熟 V し続ける
□ realize	動 気付く
□ advanced	形 上級の
□ scholarship	名 奨学金
□ beneficial	形 有益な
□ minimum-wage	
	形 最低賃金の

第 3 パラグラフ

□ factor	名 要因
□ popularity	名 人気
□ employment	名 雇用
□ opportunity	名 機会
□ unpaid	形 無給の
□ internship	名 インターンシップ
□ workforce	名 労働力
□ than ever	熟 これまで以上に
□ graduate	名 卒業生
□ lose out to	熟 ~に太刀打ちできない
□ experienced	形 経験豊富な
□ applicant	名 志願者
□ entry-level	形 初歩的な
□ consequently	副 その結果
□ acquire	動 習得する
□ specific	形 特有の
□ appealing	形 魅力的な
□ economy	名 経済
□ strengthen	動 強まる
□ make a comeback	
	熟 活気を取り戻す

筆記試験 3 　　(→ 112 ページ)

第 1 パラグラフ

□ concern	名 懸念
□ heavy traffic	名 交通渋滞
□ effect	名 影響
□ quality	名 質
□ lead ~ to V	熟 ~に V させる
□ official	名 当局者
□ various	形 様々な
□ attempt	名 試み
□ reduce	動 減らす
□ traffic	名 交通 (量)

□ proposal	名 提案	□ issue	名 問題
□ mayor	名 市長	□ eventually	副 最終的に
□ ban ~ from V-ing		□ put ~ into place	
	熟 ~がVするのを禁止する		熟 導入する
□ crowded	形 混雑した	□ original	形 当初の
□ district	名 地区	□ requirement	名 要件
□ promote	動 推進する	□ expand	動 拡大する
□ solution	名 解決策	□ environmentally friendly	
□ air pollution	名 大気汚染		熟 環境に優しい
□ applaud	動 称賛する	□ transportation	名 交通
□ recession	名 景気後退	□ toll-free	形 通行無料の
□ keep away	熟 近づけない		

第3パラグラフ

□ potential customer		□ submit	動 提出する
	名 見込み客	□ recommend	動 推奨する
□ defeat	動 否決する	□ congestion	名 混雑

第2パラグラフ

		□ charge	動 (料金を) 請求する
□ strategy	名 戦略	□ currently	副 現在は
□ toll	名 (通行) 料金	□ free	形 無料の
□ connect	動 接続する	□ invest	動 投資する
□ federal	形 連邦の	□ option	名 選択肢
□ be involved	熟 関与している	□ potentially	副 可能性として
□ approve	動 承認する	□ out of one's way	
□ legislation	名 法令		熟 回り道をして
□ improve	動 改善する	□ common	形 一般的な
□ term	名 任期	□ practice	名 行動
□ oppose	動 反対する	□ add to	熟 増大させる
□ battle	動 争う	□ pass	動 可決させる

DAY 5

筆記試験 2	(→ 134 ページ)

第1パラグラフ

		□ Peruvian	形 ペルーの
		□ embassy	名 大使館
□ crash	動 衝突させる	□ escape	動 逃れる
		□ terrible	形 酷い
		□ oppression	名 抑圧

□ hand ~ over	熟 引き渡す
□ authority	名 当局
□ dictator	名 独裁者
□ attempt to V	熟 V しようとする
□ pressure	名 圧力
□ remove	動 取り除く
□ freedom-seeking	形 自由を求める
□ nationwide	形 全国的な
□ unrest	名 不安
□ be compelled to V	熟 V しなければならない
□ take action	熟 行動を起こす
□ relieve	動 緩和する
□ tension	名 緊張
□ sign	動 署名する
□ immigration agreement	名 移民協定
□ announce	動 発表する
□ via	前 ~を経由して
□ lead to	熟 ~につながる
□ refugee	名 難民
□ board	動 乗り込む
□ settle	動 移り住む
□ numerous	形 多くの
□ debate	名 議論
□ effect	名 影響

第 2 パラグラフ

□ grant	動 与える
□ immediate	形 即座の
□ status	名 地位
□ view	動 見る
□ favorably	副 好意的に
□ identify	動 特定する
□ criminal	名 犯罪者
□ media	名 メディア

□ be quick to V	熟 すぐに V する
□ exaggerate	動 誇張する
□ imply	動 示唆する
□ murder	名 殺人
□ robbery	名 強盗
□ assault	名 暴行
□ noticeable	形 著しい
□ mostly	副 主に
□ due to	熟 ~による
□ carry out	熟 行う
□ heighten	動 高める
□ tension	名 緊張
□ reveal	動 明らかにする
□ inmate	名 囚人
□ psychiatric	形 精神科の
□ along with	熟 ~と共に
□ protest	名 抗議
□ over	前 ~に関する
□ criminality	名 犯罪
□ overlook	動 見過ごす
□ jail	動 投獄する
□ jobless	形 失業中の
□ criticize	動 批判する
□ sign	動 署名する
□ statement	動 声明
□ confess	動 告白する
□ obtain	動 得る
□ permission	名 許可
□ stereotype	名 固定観念
□ extend	動 広がる
□ in general	熟 全体的に

第 3 パラグラフ

□ researcher	名 研究者
□ examine	動 調査する
□ workforce	名 労働力

□ around	副 約~
□ following	前 ~の後に
□ uneducated	形 教育を受けていない
□ skill	名 技術
□ in theory	熟 理論的には
□ significant	形 大きな
□ negative impact	名 悪影響
□ wage	名 賃金
□ unskilled worker	名 未熟練労働者
□ result from	熟 ~から生じる
□ supply	名 供給
□ economist	名 経済学者
□ slight	形 わずかな
□ virtually	副 実質的に
□ steady	形 安定した
□ comparable	形 同規模の

第4パラグラフ

□ challenge	動 反論する
□ definition	名 定義
□ overall	副 全体的に
□ focus on	熟 ~に焦点を当てる
□ specifically	副 特に
□ drop out	熟 中退する
□ conclude	動 結論付ける
□ dramatically	副 劇的に
□ by	前 ~の差で
□ as much as	熟 ~も多く
□ similar	形 同様の
□ decline	名 下落
□ given	前 ~を考えると
□ draw	動 引き出す
□ conclusion	名 結論
□ firm	形 確固とした

DAY 7

筆記試験2　(→ 168 ページ)

第1パラグラフ

□ South Pacific	名 南太平洋
□ enormous	形 巨大な
□ stone figure	名 石像
□ landscape	名 風景
□ reminder	名 思い起こさせるもの
□ sophisticated	形 洗練された
□ by the time	熟 ~するまでには
□ explorer	名 探検家
□ traditional	形 従来の
□ explanation	名 説明
□ disappearance	名 消失
□ conflict	名 対立
□ resource	名 資源

第2パラグラフ

□ inhabitant	名 住民
□ canoe	名 カヌー
□ eventually	副 最終的に
□ farming	名 農業
□ alone	副 ~だけ
□ agricultural technology	名 農業技術
□ soil	名 土壌
□ lack	動 ~がない

□ support	動 養う
□ competition	名 競争
□ remaining	形 残っている
□ food supply	名 食糧
□ turn	動 ～になる
□ evidence	動 証明する
□ object	名 物体
□ weapon	名 武器
□ throughout	前 ～の至る所で
□ consequently	副 その結果
□ population	名 人口

第3パラグラフ

□ archaeologist	名 考古学者
□ sustainably	副 維持して
□ likely	副 おそらく
□ agricultural	形 農業の
□ assume	動 考える
□ furthermore	副 さらに
□ analysis	名 分析
□ archaeological site	名 遺跡
□ independently	副 それぞれ
□ protein	名 タンパク質
□ inhabitant	名 住民
□ diet	名 食事
□ continue	動 続ける
□ marine source	名 海洋資源
□ indicate	動 示す
□ be dependent upon	熟 ～に依存している
□ entirely	副 完全に
□ crop	名 作物
□ exactly	副 正確に
□ mystery	名 謎
□ be to blame	熟 責任がある
□ doubtful	形 疑わしい

筆記試験3 (→ 170 ページ)

第1パラグラフ

□ pollution	名 汚染
□ Department of Environmental Quality	名 環境品質局
□ conduct	動 実施する
□ air-quality test	名 大気質試験
□ monitor	動 監視する
□ fuel burning	名 燃料燃焼
□ construction	名 建設
□ concentration	名 濃度
□ toxic metal	名 有毒金属
□ cadmium	名 カドミウム
□ arsenic	名 ヒ素
□ times	名 ～倍
□ determine	動 特定する
□ origin	名 出どころ
□ recommend	動 推奨する
□ utilize	動 利用する
□ moss	名 苔
□ commonly	副 よく
□ plant	名 植物
□ absorb	動 吸収する
□ nutrient	名 栄養素
□ take in	熟 取り込む
□ pollutant	名 汚染物質
□ store	動 貯蔵する
□ cell	名 細胞
□ measure	動 測定する
□ amount	名 量
□ toxic substance	名 有毒物質
□ identify	動 特定する
□ trace	動 追跡する
□ airborne	形 空気伝達される

| □ environmental | 形 環境の |
| □ threat | 名 脅威 |

第2パラグラフ

□ analysis	名 分析
□ sample	名 サンプル
□ factory	名 工場
□ be linked to	熟 ～と関係づけられる
□ serious	形 深刻な
□ health issue	名 健康問題
□ cancer	名 癌
□ disease	名 病気
□ in spite of	前 ～にもかかわらず
□ take steps	熟 措置を講じる
□ immediate	形 すぐの
□ address	動 取り組む
□ further	形 さらなる
□ support	動 裏付ける
□ prior	形 先行する
□ reduce	動 削減する
□ emission	名 排出
□ local	形 地元の
□ allow ~ to V	熟 ～がVするのを許可する
□ release	動 放出する
□ toxin	名 有毒物質
□ lack	動 ～がない
□ state law	名 州法
□ enforce	動 施行する

□ federal law	名 連邦法
□ require	動 要求する
□ control	名 抑制
□ facility	名 施設
□ emit	動 排出する
□ limit	名 制限

第3パラグラフ

□ deal with	熟 ～に対処する
□ voluntarily	副 自主的に
□ establish	動 制定する
□ glass-manufacturing	
	名 ガラス製造
□ call for	熟 要求する
□ improve	動 改善する
□ monitoring	名 監視
□ factory	名 工場
□ operate	動 操業する
□ eventually	副 最終的に
□ relocate	動 引っ越す
□ facility	名 施設
□ struggle	動 苦労する
□ install	動 設置する
□ filter	名 フィルター
□ furnace	名 溶鉱炉
□ keep A out of B	
	熟 AをBに出さない
□ atmosphere	名 大気

DAY 8

筆記試験2　(→194ページ)

第1パラグラフ

| □ debate | 動 議論する |

□ teaching approach	
	名 教育法
□ recent	形 最近の
□ decade	名 十年

□ break away	熟 脱却する		□ entire	形 全体の
□ traditional	形 伝統的な		□ industry	名 産業
□ methodology	名 教授法		□ conference	名 会議
□ alter	動 変える		□ hold	動 開催する
□ approach	名 教育法		□ material	名 教材
□ conform to	熟 ～に合わせる		□ intend	動 意図する
□ learning style	名 学習スタイル		□ educator	名 教育者

□ correspond with 熟 ～に対応する

第3パラグラフ

□ prefer	動 好む		□ method	名 方法
□ visual	形 視覚的な		□ significant	形 重大な
□ comprehend	動 理解する		□ influence	名 影響
□ present	動 提示する		□ extensive	形 広範囲の
□ diagram	名 図		□ research	名 研究
□ illustration	名 イラスト		□ solid	形 確固たる
□ whereas	接 その一方で		□ proof	名 証拠

第2パラグラフ

□ practice	名 やり方		□ strength	名 長所
□ categorize	動 分類する		□ effective	形 効果的な
□ survey	動 調査する		□ major	形 大きな
□ believe in	熟 ～を評価する		□ flaw	名 欠陥
□ attractive	形 魅力的な		□ quantify	動 数量化する
□ seek to V	熟 Vしようとする		□ classification	名 分類
□ meet	動 応える		□ specific	形 特定の
□ theory	名 理論		□ evidence	名 証拠
□ embrace	動 受け入れる		□ distinct	名 異なる
□ struggle	動 奮闘する		□ purely	副 純粋に
□ perform poorly	熟 成績が悪い		□ reflective	形 内省的な
□ picture smart	形 視覚的に優れている		□ exercise	名 活動
□ music smart	形 音楽的に優れている		□ habit	名 習慣
□ appealing	形 魅力的な		□ benefit	名 有益
□ popularity	名 人気		□ assistant professor	名 助教授
□ dozens of	熟 数十もの～		□ hold up	熟 説得力がある
□ suppose	動 想定する			

第4パラグラフ

□ identify	動 特定する		□ express	動 表明する
			□ demonstrate	動 行動で示す

□ preference	名 好み
□ ensure	動 ～であるようにする
□ suit	動 適合する
□ alleged	形 いわゆる
□ count for	熟 ～に役に立つ
□ account for	熟 ～を説明する
□ task performance	
	名 作業成果
□ effect	名 効果
□ strategy	名 戦略
□ huge	形 非常に大きい
□ review	動 復習する
□ verbally	副 口頭で
□ math	名 数学
□ concept	名 概念
□ geometry	名 幾何学
□ benefit	動 恩恵を得る
□ combine	動 組み合わせる
□ encourage ～ to V	
	熟 ～をVするように促す
□ draw	動 描く
□ current	形 現在の
□ focus	名 重点
□ match	動 合わせる
□ take a hold	熟 支配的である
□ such ～ that ...	熟 …なほど～な
□ counter	動 対抗する
□ revise	動 改定する
□ present	動 提示する
□ valid	形 妥当な

監修者紹介

山田広之 (やまだ・ひろゆき)

神奈川県出身。英国エディンバラ大学での交換留学を経て、国際基督教大学教養学部を卒業。英国リーズ大学大学院に進学し、社会美術史専攻で修士号を取得。2004年よりトフルゼミナール講師として基礎英語から大学入試、TOEFL対策までさまざまな授業を担当。監修に『TOEFLテスト速読速聴トレーニング［英検2級レベル］』『TOEFLテスト速読速聴トレーニング［英検準2級レベル］』『はじめて受けるTOEFL ITPテスト教本』『TOEFL ITPテストリーディング教本』『TOEFL ITPテストリスニング教本』、共著書に『パーフェクト攻略 IELTS総合対策』(全てテイエス企画) がある。

執筆協力：	谷合瑞輝、小沢芳、田母神理
編集協力：	高橋清貴
デザイン・DTP：	清水裕久 (Pesco Paint)
DTP：	有限会社中央制作社
録音・編集：	株式会社ルーキー
ナレーター：	Deirdre Ikeda／Michael Rivas

毎日ミニ模試 英検® 準1級

発行　　　2020 年 3 月 30 日　第 1 刷

監修者　　山田広之
発行者　　山内哲夫
企画・編集　トフルゼミナール英語教育研究所
発行所　　テイエス企画株式会社
　　　　　〒169-0075
　　　　　東京都新宿区高田馬場 1-30-5 千寿ビル 6F
　　　　　TEL　（03）3207-7590
　　　　　E-mail　books@tsnet.co.jp
　　　　　URL　https://www.tofl.jp/books
印刷・製本　図書印刷株式会社

©TS Planning. Co., Ltd., 2020
ISBN978-4-88784-255-7　Printed in Japan
乱丁・落丁は弊社にてお取り替えいたします。